Recollectorum

OEDIPE,
TRAGEDIE.

Par P. CORNEILLE.

Parisiensium.

Imprimée à ROVEN, *& se vend*

A PARIS,

Chez

AVGVSTIN COVRBE', au Palais, en la
Gallerie des Merciers, à la Palme.
Et
GVILLAVME DE LVYNE, Libraire Iuré,
dans la mesme Gallerie,
à la Iustice.

M. DC. LIX.
AVEC PRIVILEGE DV ROY.

VERS PRESENTEZ
A MONSEIGNEVR
LE
PROCVREVR GENERAL
FOVCQVET,
SVR-INTENDANT DES FINANCES.

LAISSE aller ton effor jufqu'à ce grand
    Genie
Qui te rappelle au jour dont les ans
    t'ont bannie,
Mufe, & n'oppofe plus vn filence obftiné
A l'ordre furprenant que fa main t'a donné.
De ton âge importun la timide foibleffe
A trop & trop long-temps déguifé ta pareffe,
Et fourny de couleurs à la raifon d'Eftat
Qui mutine ton cœur contre le Siecle ingrat.
L'ennuy de voir toûjours fes loüanges friuoles
Rendre à tes longs trauaux paroles pour paroles,
Et le fterile hónneur d'vn Eloge impuiffant
Terminer fon accueil le plus reconnoiffant ;

ã ij

Ce legitime ennuy qu'au fond de l'ame excite
L'excufable fierté d'vn peu de vray merite,
Par vn jufte dégouft, ou par reffentiment
Luy pouuoit de tes Vers enuier l'agrément.
Mais aujourd'huy qu'on voit vn Heros magnanime
Témoigner pour ton nom vne toute autre eftime,
Et répandre l'éclat de fa propre bonté
Sur l'endurciffement de ton oifiueté,
Il te feroit honteux d'affermir ton filence
Contre vne fi preffante & douce violence,
Et tu ferois vn crime à luy diffimuler
Que ce qu'il fait pour toy te condamne à parler.
    Ouy, genereux appuy de tout noftre Parnaffe,
Tu me rends ma vigueur lors que tu me fais grace,
Et ie veux bien apprendre à tout noftre aduenir
Que tes regards benins ont fçeu me rajeunir.
Ie m'éleue fans crainte auec de fi bons guides,
Depuis que ie t'ay veu, ie ne voy plus mes rides,
Et plein d'vne plus claire & noble vifion,
Ie prens mes cheueux gris pour cette illufion.
Ie fens le mefme feu, ie fens la mefme audace,
Qui fit plaindre le Cid, qui fit combatre Horace,
Et ie me trouue encor la main qui crayonna
L'ame du grand Pompée, & l'efprit de Cinna.
Choify-moy feulement quelque nom dans l'Hiftoire
Pour qui tu veüilles place au Temple de la Gloire
Quelque nom fauory qu'il te plaife arracher
A la nuit de la tombe, aux cendres du bûcher.
Soit qu'il faille ternir ceux d'Ænée & d'Achille,
Par vn noble attentat fur Homere & Virgile;
Soit qu'il faille obfcurcir par vn dernier effort
Ceux que j'ay fur la Scene affranchis de la mort;

Tu me verras le mesme, & ie te feray dire,
Si jamais pleinement ta grande ame m'infpire,
Que dix luftres & plus n'ont pas tout emporté.
Cet affemblage heureux de force & de clarté,
Ces preftiges fecrets de l'aimable impofture
Qu'à l'envy m'ont preftée & l'Art & la Nature.
    N'attends pas toutefois que j'ofe m'enhardir,
Ou jufqu'à te dépeindre , ou jufqu'à t'applaudir;
Ce feroit préfumer que d'vne feule veuë
I'aurois veu de ton cœur la plus vafte étenduë,
Qu'vn moment fuffiroit à mes debiles yeux
Pour démefler en toy ces dons brillans des Cieux,
De qui l'inépuifable & perçante lumière,
Si-toft que tu parois , fait baiffer la paupiere.
I'ay déja veu beaucoup en ce moment heureux,
Ie t'ay veu magnanime , affable , genereux,
Et ce qu'on voit à peine apres dix ans d'excufes,
Ie t'ay veu tout d'vn coup liberal pour les Mufes;
Mais pour te voir entier il faudroit vn loifir
Que tes delaffemens daignaffent me choifir.
C'eft lors que ie verrois la faine Politique
Soûtenir par tes foins la Fortune publique,
Ton zéle infatigable à feruir ton grand Roy;
Ta force & ta prudence à regir ton employ;
C'eft lors que ie verrois ton courage intrepide
Vnir la vigilance à la vertu folide ;
Ie verrois cet illuftre & haut difcernement
Qui te met au deffus de tant d'accablement;
Et tout ce dont l'afpect d'vn Aftre falutaire
Pour le bonheur des Lis t'a fait dépofitaire,
Iufque là ne crains pas que ie gafte vn portrait ,
Dont ie ne puis encor tracer qu'vn premier trait;
                                    ã iij

Ie dois èftre témoin de toutes ces merueilles
Auât que d'en permettre vne ébauche à mes veilles,
Et ce flateur efpoir fera tous mes plaifirs
Iufqu'à ce que l'effet fuccede à mes defirs.
Hafte-toy cependant de rendre vn vol fublime
Au Génie amorty que ta bonté ranime,
Et dont l'impatience attend pour fe borner
Tout ce que tes faueurs luy voudront ORDONNER.

AV LECTEVR.

E n'eſt pas ſans raiſon que ie fais marcher ces Vers à la teſte de l'Oedipe, puiſqu'ils ſont cauſe que ie vous donne
l'Oedipe. Ce fut par eux que ie taſchäy
de témoigner à M. le Procureur General quelque
ſentiment de reconnoiſſance pour vne faueur ſigna-
lée que j'en venois de receuoir; & bien qu'ils fuſ-
ſent remplis de cette preſomption ſi naturelle à ceux
de noſtre meſtier, qui manquent rarement d'amour
propre, il me fit cette nouuelle grace d'accepter les
offres qu'ils luy faiſoient de ma part, & de me
propoſer trois Sujets pour le Theatre, dont il me
laiſſa le choix. Chacun ſçait que ce grand Miniſtre
n'eſt pas moins le Sur-Intendant des belles Lettres
que des Finances, que ſa maiſon eſt auſſi ouuerte
aux gens d'eſprit qu'aux gens d'affaires; & que ſoit
à Paris, ſoit à la Campagne, c'eſt dans les Biblio-
theques qu'on attend ces precieux momens qu'il
dérobe aux occupations qui l'accablent, pour en
gratifier ceux qui ont quelque talent d'écrire auec

*succeʒ. Ces veriteʒ sont connuës de tout le monde,
mais tout le monde ne sçait pas que sa bonté s'est
étenduë jusqu'à ressusciter les Muses ensevelies dans
vn long silence, & qui estoient comme mortes au
Monde, puisque le Monde lēs auoit oubliées. C'est
donc à moy à le publier, apres qu'il a daigné m'y
faire reuiure si auantageusement. Non que de là
j'ose prendre l'occasion de faire ses Eloges. Nos
dernieres années ont produit peu de Liures conside-
rables, ou pour la profondeur de la doctrine, ou
pour la pompe & la netteté de l'expreßion, ou
pour les agrémens & la justeste de l'Art, dont les
Autheurs ne se soient mis sous vne protection si glo-
rieuse, & ne luy ayent rendu les hommages que
nous deuons tous à ce concert éclatant & merueil-
leux de rares qualiteʒ & de vertus extraordinaires,
qui laissent vne admiration continuelle à ceux qui
ont le bonheur de l'approcher. Les temeraires efforts
que j'y pourrois faire apres eux ne seruiroient qu'à
montrer combien ie suis au dessous d'eux : la matiere est inépuisable, mais nos esprits sont borneʒ ; &
au lieu de trauailler à la gloire de mon Protecteur,
ie ne trauaillerois qu'à ma honte : Ie me contente-
ray de vous dire simplement que si le Public a receu
quelque satisfaction de ce Poëme, & s'il en reçoit
encor de ceux de cette nature & de ma façon qui
pourront le suiure, c'est à luy qu'il en doit imputer*

le tout , puifque fans fes commandemens ie n'aurois iamais fait l'Oedipe , & que cette Tragedie a
a plû affez au Roy pour me faire receuoir de verita-
bles & folides marques de fon approbation : Ie
veux dire fes liberalitez, que j'ofe nommer des
ordres tacites, mais preffans, de confacrer aux diuer-
tiffemens de fa Majefté , ce que l'âge & les vieux
trauaux m'ont laiffé d'efprit & de vigueur.

Au refte ie ne vous diffimuleray point qu'apres
auoir arrefté mon choix fur ce Sujet , dans la confiance que j'aurois pour moy les fuffrages de tous les
Sçauans , qui l'ont regardé comme le Chef-d'œuure
de l'Antiquité, & que les penfées de ces grands Ge-
nies qui l'ont traité en Grec & en Latin , me faci-
literoient les moyens d'en venir à bout affez toft
pour le faire reprefenter dans le Carnaual , ie n'ay
pas laiffé de trembler quand ie l'ay enuifagé de
prés , & vn peu plus à loifir que ie n'auois fait en
le choififfant. I'ay reconnu que ce qui auoit paffé
pour miraculeux dans ces Siecles éloignez, pourroit
fembler horrible au noftre , & que cette éloquen-
te & curieufe defcription de la màniere dont ce
malheureux Prince fe creue les yeux, & le fpectacle
de ces mefmes yeux creuez dont le fang luy diftille
fur le vifage, qui occupe tout le cinquiéme Acte
chez ces incomparables Originaux , feroit foúleuer
la delicateffe de nos Dames qui compofent la plus

belle partie de noſtre Auditoire, & dont le degouſt
attire aiſément la cenſure de ceux qui les accompa-
gnent ; & qu'enfin l'Amour n'ayant point de
part dans ce Sujet, ny les femmes d'employ, il
eſtoit déniüé des principaux ornemens qui nous ga-
gnent d'ordinaire la Voix publique. I'ay taſché
de remedier à ces deſordres au moins mal que i'ay
pû, en épargnant d'vn coſté à mes Auditeurs ce
dangereux ſpectacle, & y adjouſtant de l'autre
l'heureux Epiſode des amours de Theſée & de
Dircé, que ie fais fille de Laius, & ſeule heritiere
de ſa Couronne, ſuppoſé que ſon frere qu'on auoit
expoſé aux beſtes ſauuages en euſt eſté deuoré, comme on le croyoit. I'ay retranché le nombre des Oracles qui pouuoit eſtre importun, & donner trop de
iour à Oedipe pour ſe connoiſtre : I'ay rendu la réponſe de Laius euoqué par Tyreſie aſſez obſcure dans
ſa clarté pour faire vn nouueau nœud, & qui peut-
eſtre n'eſt pas moins beau que celuy de nos Anciens:
I'ay cherché meſme des raiſons pour juſtifier ce
qu'Ariſtote y trouue ſans raiſon, & qu'il excuſe
en ce qu'il arriue au commencement de la Fable, &
j'ay fait en ſorte qu'Oedipe, encor qu'il ſe ſouuienne
d'auoir combatu trois hommes au lieu meſme où fut
tué Laius, & dans le meſme temps de ſa mort, bien
loin de s'en croire l'autheur, la croit auoir vangée
ſur trois brigands, à qui le bruit commun l'attribuë.

Cela m'a fait perdre l'auantage que ie m'estois promis, de n'estre souuent que le Traducteur de ces
grands Hommes qui m'ont precedé. Comme j'ay
pris vne autre route que la leur, il m'a esté impossi-
ble de me rencontrer auec eux : mais en recompen-
se j'ay eu le bon-heur de faire aduoüer à la pluspart
de mes Auditeurs, que ie n'ay fait aucune Piece de
Theatre où il se trouue tant d'Art qu'en celle-cy,
bien que ce ne soit qu'vn Ouurage de deux mois, que
l'impatience Françoise m'a fait precipiter, par vn
juste empressement d'executer les ordres fauorables
que j'auois receus.

ACTEVRS.

OEDIPE, — Roy de Thebes, fils & mary de Iocaste.

THESEE, — Prince d'Athénes, & Amant de Dircé.

IOCASTE, — Reine de Thebes, femme & mere d'Oedipe.

DIRCE, — Princesse de Thebes, fille de Laius & de Iocaste, sœur d'Oedipe, & Amante de Thesée.

CLEANTE,
DYMAS, — } Confidents d'Oedipe.

PHORBAS, — Vieillard Thebain.

IPHICRATE, — Vieillard de Corinthe.

NERINE, — Suiuante de la Reine.

MEGARE, — Suiuante de Dircé.

PAGE.

La Scene est à Thebes.

OEDIPE

OE D I P E,

TRAGEDIE.

ACTE I.

SCENE PREMIERE.

THESEE, DIRCE.

THESEE.

N'Escovrez plus , Madame , vnĕ
    pitié cruelle,
Qui d'vn fidelle amant vous feroit vn
    rebelle:
La gloire d'obeïr n'a rien qui me soit doux,
Lors que vous m'ordonnez de m'éloigner de vous.
Quelque rauage affreux qu'étale icy la peste,
L'absence aux vrais amants est encor plus funeste;
Et d'vn si grand peril l'image s'offre en vain,
Quand ce peril douteux épargne vn mal certain.

A

DIRCE.

Le trouuez-vous douteux, quand toute voſtre ſuite
Par cet affreux rauage à Phædime eſt reduite,
De qui meſme le front déja pâle & glacé
Porte empraint le trépas dont il eſt menacé ?
Seigneur, toutes ces morts dont il vous enuironne
Sont des aduis preſſants que de grace il vous dône,
Et tant leuer le bras auant que de fraper,
C'eſt vous dire aſſez haut qu'il eſt temps d'échaper.

THESEE.

Ie le voy comme vous, mais alors qu'il m'aſſiege
Vous laiſſe-t'il, Madame, vn plus grand priuilege?
Ce Palais par la peſte eſt-il plus reſpecté?
Et l'air auprés du trône eſt-il moins infecté?

DIRCE.

Ah, Seigneur, quand l'amour tient vne ame alarmée,
Il l'attache aux perils de la perſonne aimée.
Ie vois aux pieds du Roy chaque iour des mourants,
I'y voy tomber du Ciel les oiſeaux expirants,
Ie me vois expoſée à ces vaſtes miſeres,
I'y voy mes ſœurs, la Reine, & les Princes mes
      freres,
Ie ſçay qu'en ce moment ie puis les perdre tous,
Et mon cœur toutefois ne tremble que pour vous,
Tant de cette frayeur les profondes atteintes
Repouſſent fortement toutes les autres craintes.

THESEE.

Souffrez donc que l'amour me faſſe meſme loy,
Que ie tremble pour vous quand vous tremblez
      pour moy,
Et ne m'impoſez pas cette indigne foibleſſe
De craindre autres perils que ceux de ma Princeſſe
I'aurois en ma faueur le courage bien bas
Si ie fuyois des maux que vous ne fuyez pas :

Voſtre exemple eſt pour moy la ſeule regle à ſuiure,
Euiter vos perils c'eſt vouloir vous ſuruiure,
Ie n'ay que cette honte à craindre ſous les Cieux,
Icy ie puis mourir, mais mourir à vos yeux,
Et ſi, malgré la mort de tous coſtez errante,
Le Deſtin me reſerue à vous y voir mourante,
Mon bras ſur moy du moins enfoncera les coups.
Qu'aura ſon inſolence éleuez juſqu'à vous,
Et ſçaura me ſouſtraire à cette ignominie,
De ſouffrir apres vous quelques momens de vie,
Qui dans le triſte eſtat où le Ciel nous reduit
Seroient de mon depart l'infame & le ſeul fruit.

DIRCE.

Quoy! Dircé par ſa mort deuiendroit criminelle,
Iuſqu'à forcer Theſée à mourir apres elle,
Et ce cœur intrepide au milieu du danger
Se defendroit ſi mal d'vn malheur ſi leger!
M'immoler vne vie à tous ſi precieuſe,
Ce ſeroit rendre à tous ma memoire odieuſe,
Et par toute la Grece animer trop d'horreur
Contre vne Ombre cherie auec tant de fureur.
Ces infames brigands dont vous l'auez purgée,
Ces ennemis publics dont vous l'auez vangée,
Apres voſtre trépas à l'envy renaiſſans,
Pilleroient ſans frayeur les peuples impuiſſans,
Et chacun maudiroit, en les voyant paroiſtre,
La cauſe d'vne mort qui les feroit renaiſtre.
Oſeray-ie, Seigneur, vous dire hautement
Qu'vn tel excez d'amour n'eſt pas d'vn tel amant?
S'il eſt vertu pour nous, que le Ciel n'a formées
Que pour le doux employ d'aimer, & d'eſtre ai-
        mées,
Il faut qu'en vos pareils les belles paſſions
Ne ſoient que l'ornement des grandes actions.

Ces hauts emportemens qu'vn beau feu leur infpire
Doiuent les éleuer, & non pas les détruire,
Et quelque defefpoir que leur caufe vn trépas,
Leur vertu feule a droit de faire agir leurs bras.
Ces bras que craint le crime à l'égal du tonnerre,
Sont des dons que le Ciel fait à toute la Terre,
Et l'Vniuers en eux perd vn trop grand fecours,
Pour fouffrir que l'Amour foit maiftre de leurs
    iours.
    Faites voir, fi ie meurs, vne entiere tendreffe,
Mais viuez apres moy pour toute noftre Grece,
Et laiffez à l'Amour conferuer par pitié
De ce tout defvny la plus digne moitié.
Viuez, pour faire viure en tous lieux ma memoire,
Pour porter en tous lieux vos foûpirs & ma gloire,
Et faire par tout dire, *Vn fi vaillant Heros*
Au malheur de Dircé donne encor des fanglots,
Il en garde en fon ame encor toute l'image,
Et rend à fa chere Ombre encor ce trifte hommage.
Cet efpoir eft le feul dont j'aime à me flater,
Et l'vnique douceur que ie veux emporter.
        T H E S E E.
Ah, Madame, vos yeux combatent vos maximes,
Si j'en croy leur pouuoir, vos confeils font des cri-
Ie ne vous feray point ce reproche odieux, (mes.
Que fi vous aimiez bien, vous confeilleriez mieux,
Ie diray feulement qu'auprés de ma Princeffe
Aux feuls deuoirs d'amant vn Heros s'intereffe,
Et que, de l'Vniuers fuft-il le feul appuy,
Aimant vn tel objet il ne doit rien qu'à luy.
Mais ne conteftons point, & fauuons l'vn & l'autre,
L'Hymen juftifiera ma retraite & la voftre,
Le Roy me pourroit-il en refufer l'adueu,
Si vous en aduoüez l'audace de mon feu?

Pourroit-il s'oppofer à cette illuftre enuie
D'affeurer fur vn trône vne fi belle vie,
Et ne point confentir que des deftins meilleurs
Vous exilent d'icy pour commander ailleurs?

DIRCE.

Le Roy, tout Roy qu'il eft, Seigneur, n'eft pas mon
    maiftre,
Et le fang de Laius, dont j'eus l'honneur de naiftre,
Difpenfe trop mon cœur de receuoir la loy
D'vn trône que fa mort n'a dû laiffer qu'à moy.
Mais comme enfin le peuple & l'Hymen de ma
    mere
Ont mis entre fes mains le fceptre de mon pere,
Et qu'en ayant icy toute l'authorité,
Je ne puis rien pour vous contre fa volonté;
Pourra-t'il trouuer bon qu'on parle d'Hymenée
Au milieu d'vne ville à perir condamnée,
Où le couroux du Ciel, changeant l'air en poifon,
Donne lieu de trembler pour toute fa maifon?

MEGARE.

Madame. *Elle luy parle à l'oreille.*

DIRCE.

Adieu, Seigneur, la Reine qui m'appelle
M'oblige à vous quitter pour me rendre auprès
    d'elle,
Et d'ailleurs le Roy vient.

THESEE.

Que feray-ie?

DIRCE.

Parlez,
Je ne puis plus vouloir que ce que vous voulez.

SCENE II.

OEDIPE, THESEE, CLEANTE

OEDIPE.

AV milieu des malheurs que le Ciel nous en-
uoye,
Prince, nous croiriez-vous capables d'vne joye,
Et que nous voyant tous fur les bords du tombeau,
Nous peuffions d'vn Hymen allumer le flambeau ?
C'eft choquer la raifon peut-eftre, & la Nature,
Mais mõ ame en fecret s'en forme vn doux augure,
Que Delphes, dont j'attens réponfe en ce moment
M'enuoîra de nos maux le plein foulagement.

THESEE.

Seigneur, fi j'auois creu que parmy tant de larmes
La douceur d'vn Hymen peuft auoir quelque
charmes,
Que vous en euffiez pû fupporter le deffein,
Ie vous aurois fait voir vn beau feu dans mon fein,
Et tâché d'obtenir cet aueu fauorable,
Qui peut faire vn heureux d'vn amant miferable.

OEDIPE.

Ie l'auois bien jugé, qu'vn intereft d'amour
Fermoit icy vos yeux aux perils de ma Cour:
Mais ie croirois me faire à moy mefme vn ou-
trage,
Si ie vous obligeois d'y tarder dauantage,
Et fi trop de lenteur à feconder vos feux
Hazardoit plus long-temps vn cœur fi genereux.

Le mien fera rauy que de fi nobles chaifnes
Vniffent les Eftats de Thebes & d'Athénes,
Vous n'auez qu'à parler, vos vœux font exaucez,
Nommez ce cher objet, grand Prince, & c'eft affez,
Vn gendre tel que vous m'eft plus qu'vn nouueau
    trône,
Et vous pouuez choifir d'Ifmene, ou d'Antigone,
Car ie n'ofe penfer que le fils d'vn grand Roy,
Vn fi fameux Heros, aime ailleurs que chez moy,
Et qu'il veüille en ma Cour, au mépris de mes fil-
    les,
Honorer de fa main de communes familles.

THESE'E.

Seigneur, il eft tout vray, j'aime en voftre palais,
Chez vous eft la beauté qui fait tous mes fouhaits,
Vous l'aimez à l'égal d'Antigone, & d'Ifmene,
Elle tient mefme rang chez vous, & chez la Reine,
En vn mot c'eft leur fœur, la Princeffe Dircé,
Dont les yeux...

OEDIPE.

      Quoy, fes yeux, Prince, vous ont bleffé?
Ie fuis fâché pour vous que la Reine fa mere
Ait fçeu vous préuenir pour vn fils de fon frere,
Ma parole eft donnée, & ie n'y puis plus rien,
Mais ie croy qu'apres tout fes fœurs la valent bien.

THESE'E.

Antigone eft parfaite, Ifmene eft admirable,
Dircé, fi vous voulez, n'a rien de comparable,
Elles font l'yne & l'autre vn chef-d'œuure des
    Cieux;
Mais où le cœur eft pris, on charme en vain les
    yeux.
Si vous auez aimé, vous auez fçeu cognoiftre
Que l'Amour de fon choix veut eftre le feul maiftre;

Que s'il ne choisit pas toûjours le plus parfait,
Il attache du moins les cœurs au choix qu'il fait,
Et qu'entre cent beautez dignes de noſtre hom-
    mage,
Celle qu'il nous choiſit plaiſt toûjours dauantage.
    Ce n'eſt pas offencer deux ſi charmantes sœurs,
Que voir en leur aiſnée auſſi quelques douceurs.
I'auoûray , s'il le faut, que c'eſt vn pur caprice,
Vn pur aueuglement qui leur fait injuſtice;
Mais ce feroit trahir tout ce que ie leur doy, (moy.
Que leur promettre vn cœur quand il n'eſt plus à

OE D I P E.

Mais c'eſt m'offencer, moy, Prince, que de pre-
    tendre   (gendre.
A des honneurs plus hauts que le nom de mon.
Ie veux toutefois eſtre encor de vos amis,
Mais ne demandez plus vn bien que j'ay promis,
Ie vous l'ay déja dit, que pour cet Hymenée
Aux vœux du Prince Æmon ma parole eſt donnée,
Vous auez attendu trop tard à m'en parler,
Et ie vous offre aſſez dequoy vous conſoler.
La parole des Rois doit eſtre inuiolable.

T H E S E' E.

Elle eſt toûjours ſacrée , & toûjours adorable,
Mais ils ne ſont iamais eſclaues de leur voix,
Et le plus puiſſant Roy doit quelque choſe aux
Retirer ſa parole à leur juſte priere,   (Rois.
C'eſt honorer en eux ſon propre caractere,
Et ſi le Prince Æmon oſe encor vous parler,
Vous luy pouuez offrir dequoy ſe conſoler.

OE D I P E.

Quoy , Prince, quand les Dieux tiennent en main
    leur foudre,   (dre,
Qu'ils ont le bras leué pour nous reduire en pou-

J'oferay violer vn ferment folemnel
Dont j'ay pris à témoin leur pouuoir eternel?

THESEE.

C'eft pour vn grand Monarque auoir bien du fcru-
pule.

OEDIPE.

C'eft en voftre faueur eftre vn peu bien credule,
De prefumer qu'vn Roy, pour contenter vos yeux,
Veüille pour ennemis les hommes & les Dieux.

THESEE.

Ie n'ay qu'vn mot à dire apres vn fi grand zele.
Quand vous donnez Dircé, Dircé fe donne-t'elle?

OEDIPE.

Elle fçait fon deuoir.

THESEE.

Sçauez-vous quel il eft?

OEDIPE.

L'auroit-elle reglé fuiuant voftre intereft?
A me defobeïr l'auriez-vous refoluë?

THESEE.

Non, ie refpecte trop la puiffance abfoluë,
Mais lors que vous voudrez fans elle en difpofer,
N'aura-t'elle aucun droit, Seigneur, de s'excufer?

OEDIPE.

Le temps vous fera voir ce que c'eft qu'vne excufe.

THESEE.

Le temps me fera voir jufques où ie m'abufe,
Et ce fera luy feul qui fçaura m'éclaircir
De ce que pour Æmon vous ferez reüffir.
Ie porte peu d'enuie à fa bonne fortune;
Mais ie commence à voir que ie vous importune,
Adieu, faites, Seigneur, de grace, vn jufte choix,
Et fi vous eftes Roy, confiderez les Rois.

SCENE III.

OEDIPE, CLEANTE.

OEDIPE.

SI ie suis Roy, Cleante, & que me croit-il estre?
Cet amant de Dircé déja me parle en maistre,
Voy, voy ce qu'il feroit s'il estoit son espoux.

CLEANTE.

Seigneur, vous auez lieu d'en estre vn peu jaloux,
Cette Princesse est fiere, & comme sa naissance
Croit auoir quelque droit à la toute-puissance,
Tout est au dessous d'elle à moins que de regner,
Et sans doute qu'Æmon s'en verra dédaigner.

OEDIPE.

Le sang a peu de droits dans le sexe imbecille,
Mais c'est vn grand pretexte à troubler vne ville,
Et lors qu'vn tel orgueil se fait vn fort appuy,
Le Roy le plus puissant doit tout craindre de luy.
Toy qui né dans Argos, & nourry dans Mycénes,
Peux estre mal instruit de nos secrettes haines,
Voy-les jusqu'en leur source, & juge entre elle &
    moy,
Si ié regne sans tiltre, & si j'agis en Roy.

On t'a parlé du Sphinx, dont l'Enigme funeste
Ouurit plus de tombeaux que n'en ouure la peste.
Ce Monstre à voix humaine, Aigle, femme, & Lyon,
Se campoit fierement sur le mont Cytheron,
D'où chaque iour icy deuoit fondre sa rage,
A moins qu'on éclaircist vn si sombre nuage,

Ne porter qu'vn faux jour dans son obscurité,
C'estoit de ce Prodige enfler la cruauté,
Et les membres épars des mauuais interpretes
Ne laissoiét dás ces murs que des bouches muëttes.
Mais comme aux grands perils le salaire enhardit,
Le peuple offre le sceptre, & la Reine son lit;
De cent cruelles morts cette offre est tost suiuie,
I'arriue, ie l'apprens, j'y hazarde ma vie.
Au pied du Roc affreux semé d'os blanchissans
Ie demande l'Enigme, & j'en cherche le sens,
Et ce qu'aucun Mortel n'auoit encor pû faire,
I'en déuoile l'image, & perce le mistere.
Le Monstre furieux de se voir entendu
Vange aussi-tost sur luy tant de sang répandu,
Du Roc s'élance en bas & s'ecrase luy mesme.
La Reine tint parole & j'eus le Diadême,
Dircé fournissoit lors à peine vn Lustre entier,
Et me vit sur le trône auec vn œil altier,
I'en vis fremir son cœur, j'en vis couler ses larmes,
I'en pris pour l'auenir deslors quelques alarmes,
Et si l'aage en secret a pû la reuolter,
Voy ce que mon depart n'en doit point redouter.
La mort du Roy mon pere à Corinthe m'appelle,
I'en attens aujourd'huy la funeste nouuelle,
Et ie hazarde tout à quitter les Thebains
Sans mettre ce depost en de fidelles mains.
Æmon seroit pour moy digne de la Princesse,
S'il a de la naissance, il a quelque foiblesse,
Et le peuple du moins pourroit se partager,
Si dans quelque attentat il osoit l'engager:
Mais vn Prince voisin, tel que tu vois Thesée,
Feroit de ma couronne vne conqueste aisée,
Si d'vn pareil Hymen le dangereux lien
Armoit pour luy son peuple, & sousteuoit le mien.

Athénes est trop proche, & durant vne absence
L'occasion qui flate anime l'esperance,
Et quand tous mes sujets me garderoient leur foy,
Desolez côme ils sont, que pourroient ils pour moy
La Reine a pris le soin d'en parler à sa fille,
Aemon est de son sang, & Chef de sa famille,
Et l'amour d'vne mere a souuent plus d'effet,
Que n'ont... mais la voicy, sçachôs ce qu'elle a fait.

SCENE IV.

OEDIPE, IOCASTE, CLEANTE, NERINE.

IOCASTE.

I'Ay perdu temps, Seigneur, & cette ame em-
braſée
Met trop de difference entre Æmon & Theſée:
Aussi ie l'aduoûray, bien que l'vn soit mon sang,
Leur merite differe encor plus que leur rang,
Et l'on a peu d'éclat auprés d'vne personne
Qui joint à de hauts faits celuy d'vne couronne.

OEDIPE.

Theſée est donc, Madame, vn dangereux riual?

IOCASTE.

Æmon est fort à plaindre, ou ie deuine mal.
I'ay tout mis en vſage auprés de la Princeſſe,
Conseil, authorité, reproche, amour, tendreſſe,
I'en ay tiré des pleurs, arraché des soûpirs,
Et n'ay pû de son cœur esbranſler les desirs.
I'ay pouſſé le dépit de m'en voir separée
Iuſques à la nommer fille dénaturée,

Le sang Royal n'a point ces bas attachemens,
Qui font les déplaisirs de ces éloignemens.
Et les ames, dit-elle, au trône destinées,
Ne doiuent aux parens que les ieunes années.

OEDIPE.

Et ces mots ont soudain calmé vostre couroux?

IOCASTE.

Pour les iustifier elle ne veut que vous,
Vostre exemple luy preste vne preuue assez claire,
Que le trône est plus doux que le sein d'vne mere,
Pour regner en ces lieux vous auez tout quitté.

OEDIPE.

Mon exemple & sa faute ont peu d'égalité.
C'est loin de ses parens qu'vn homme apprend à
　　viure,
Hercule m'a donné ce grand exemple à suiure,
Et c'est pour l'imiter que par tous nos climats
I'ay cherché comme luy la gloire & les combats.
Mais bien que la pudeur par des ordres contraires
Attache de plus prés les filles à leurs meres,
La vostre aime vne audace où vous la soûtenez.

IOCASTE.

Ie la condamneray, si vous la condamnez;
Mais à parler sans fard, si j'estois en sa place,
I'en vserois comme elle, & j'aurois mesme audace,
Et vous-mesme, Seigneur, apres tout, dites-moy,
La condamneriez-vous si vous n'estiez son Roy?

OEDIPE.

Si ie condamne en Roy son amour, ou sa haine,
Vous deuez comme moy les condamner en Reine.

IOCASTE.

Ie suis Reine, Seigneur, mais ie suis mere aussi,
Aux miens, comme à l'Estat, ie dois quelque
　　soucy,

B

Ie fepare Dircé de la caufe publique,
Ie voy qu'ainfi que vous elle a fa Politique;
Comme vous agiffez en Monarque prudent,
Elle agit de fa part en cœur independant,
En amante à bon tiltre, en Princeffe auifée,
Qui merite ce trône où l'appelle Thefée.
Ie ne puis vous flater, & croirois vous trahir,
Si ie vous promettois qu'elle peuft obeïr.

OEDIPE.

Pourroit-on mieux défendre vn efprit fi rebelle ?

IOCASTE.

Parlons-en comme il faut, nous nous aimons plus
  qu'elle,
Et c'eft trop nous aimer, que voir d'vn œil jaloux
Qu'elle nous rend le change , & s'aime plus que
  nous.
Vn peu trop de lumiere à nos defirs s'oppofe,
Peut-eftre auec le temps nous pourrions quelque
  chofe;
Mais n'efperons iamais qu'on change en moins
  d'vn iour
Quand la raifon fouftient le party de l'amour.

OEDIPE.

Soufcriuons donc, Madame , à tout ce qu'elle or-
  dônne,
Couronnons cet amour de ma propre couronne,
Cedons de bonne grace, & n'embraffons plus tant
Vn trône hereditaire à Corinthe m'attend,
A mon ambition ce trône peut fuffire,
Et pour les plus gráds cœurs c'eft affez d'vn Empire
Mais vous fouuenez-vous que vous auez deux fils
Que le couroux du Ciel a fait naiftre ennemis,
Et qu'il vous en faut craindre vn exemple barbare
A moins que pour regner leur deftin les fepare?

IOCASTE.

Ie ne voy rien encor fort à craindre pour eux,
Dircé les aime en sœur, Thesée est genereux,
Et si pour vn grand cœur c'est assez d'vn Empire,
A son ambition Athénes doit suffire.

OEDIPE.

Vous mettez vne borne à cette ambition!

IOCASTE.

I'en prens, quoy qu'il en soit, peu d'apprehension,
Et Thebes & Corinthe ont des bras côme Athénes.
Mais nous touchons peut-estre à la fin de nos
    peines,
Dymas est de retour, & Delphes a parlé.

OEDIPE.

Que son visage montre vn esprit desolé!

SCENE V.

OEDIPE, IOCASTE, DYMAS, CLEANTE, NERINE.

OEDIPE.

ET bien, quand verrons-nous finir nostre infor-
    tune?
Qu'apportez-vous, Dymas? quelle réponse?

DYMAS.   Aucune;

OEDIPE.

Quoy! les Dieux sont muëts!

DYMAS.

         Ils sont muëts, & sourds.
Nous auons par trois fois imploré leur secours,

B ij

Par trois fois redoublé nos vœux,& nos offrandes,
Ils n'ont pas daigné mesme écouter nos demandes.
A peine parlions-nous, qu'vn murmure cönfus
Sortant du fonds de l'Antre expliquoit leur refus,
Et cent voix tout à coup, sans estre articulées,
Dans vne nuit subite à nos soûpirs mêlées,
Faisoient auec horreur soudain cognoistre à tous
Qu'ils n'auoient plus ny d'yeux, ny d'oreilles pour

OE D I P E,   (nous.

Ah Madame ?

IOCASTE.
Ah, Seigneur, que marque vn tel silence?

OE D I P E.
Que pourroit-il marquer qu'vne iuste vangeance ?
Les Dieux, qui tost ou tard sçauent se ressentir,
Desdaignent de répondre à qui les fait mentir.
Ce fils dont ils auoient prédit les auantures,
Exposé par vostre ordre, a trompé leurs augures,
Et ce sang innocent, & ces Dieux irritez
Se vangent maintenant de vos impietez.

IOCASTE.
Deuions nous l'exposer à son destin funeste,
Pour le voir parricide , & pour le voir inceste,
Et des crimes si noirs étouffez au berceau
Auroient-ils sçeu pour moy faire vn crime noueau?
Non, non, de tant de maux Thebes n'est assiegée,
Que pour la mort du Roy que l'on n'a pas vangée,
Son Ombre incessamment me frape encor les yeux,
Ie l'entens murmurer à toute heure, en tous lieux,
Et se pleindre en mon cœur de cette ignominie,
Qu'imprime à son grand nom cette mort impunie.

OE D I P E.
Pourrions-nous en punir des brigands inconnus
Que peut-estre iamais en ces lieux on n'a veus ?

Si vous m'auez dit vray, peut-eſtre ay-je moy meſme
Sur trois de ces brigands vangé le Diadéme ;
Au lieu meſme , au temps meſme , attaqué ſeul par
    trois,
I'en laiſſay deux ſans vie, & mis l'autre aux abois.
Mais ne negligeons rien , & du Royaume ſombre
Faiſons par Tireſie éuoquer ſa grande Ombre.
Puiſque le Ciel ſe taiſt , conſultons les Enfers,
Sçachons à qui de nous ſont deus les maux ſoufferts,
Sçachons-en , s'il ſe peut , la cauſe & le remede.
Allons tout de ce pas reclamer tous ſon aide ;
I'iray reuoir Corinthe auec moins de ſoucy,
Si ie laiſſe plein calme & pleine joye icy.

Fin du premier Acte.

B iij

ACTE II.

SCENE PREMIERE.

OEDIPE, DIRCE, CLEANTE, MEGARE.

OEDIPE.

IE ne le cele point, cette hauteur m'é-
        tonne,   (ne,
Æmon a du merite, on cherit sa person-
Il est Prince, & de plus estant offert par
    moy...

DIRCE.

Ie vous ay déja dit, Seigneur, qu'il n'est pas Roy.

OEDIPE.

Son Hymen toutefois ne vous fait point descédre,
S'il n'est pas dans le trône, il a droit d'y pretendre
Et comme il est sorty de mesme sang que vous,
Ie croy vous faire honneur d'en faire vostre espoux

DIRCE.

Vous pouuez donc sans honte en faire vostre gen
    dre,
Mes sœurs en l'épousant n'aurôt point à descédre
Mais pour moy, vous sçauez qu'il est ailleurs de
    Rois,

Et mefme en voftre Cour, dont ie puis faire choix.

OEDIPE.

Vous le pouuez , Madame , & n'en voudrez pas
    faire ;
Sans en prendre mon ordre , & celuy d'vne mere.

DIRCE.

Pour la Reine , il eft vray qu'en cette qualité
Le fang peut luy deuoir quelque ciuilité,
Ie m'en fuis acquitée, & ne puis bien comprendre,
Eftant ce que ie fuis, quel ordre ie dois prendre.

OEDIPE.

Celuy qu'vn vray deuoir prend des fronts couron-
    nez,   (tenez;
Lors qu'on tient auprés d'eux le rang que vous
Ie penfe eftre icy Roy.

DIRCE.

                Ie fçay ce que vous eftes,
Mais fi vous me contez au rang de vos fujettes,
Ie ne fçay fi celuy qu'on vous a pû donner
Vous afferuit vn front qu'on a dû couronner.
    Seigneur , quoy qu'il en foit , j'ay fait choix de
      Thefée,
Ie me fuis à ce choix moy-mefme authorifée,
I'ay pris l'occafion que m'ont faite les Dieux
De fuir l'afpect d'vn trône où vous bleffez mes
    yeux,
Et de vous épargner cet importun ombrage,
Qu'à des Rois comme vous peut donner mon vi-
    fage.

OEDIPE.

Le choix d'vn fi grand Prince eft bien digne de
Et ie l'eftime trop pour en eftre jaloux ;   (vous,
Mais le peuple, au milieu des coleres celeftes,
Aime encor de Lajus les adorables reftes,

Et ne pourra fouffrir qu'on luy vienne arracher
Ces gages d'vn grand Roy qu'il tint jadis fi cher,

DIRCE.

De l'air dont jufqu'icy ce peuple m'a traitée,
Ie dois craindre fort peu de m'en voir regrettée,
S'il euft eu pour fon Roy quelque ombre d'amitié,
Si mon fexe, ou mon âge euft émeu fa pitié,
Il n'auroit iamais eu cette lâche foibleffe
De liurer en vos mains l'Eftat, & fa Princeffe,
Et me verra toûjours éloigner fans regret,
Puifque c'eft l'affranchir d'vn reproche fecret.

OEDIPE.

Quel reproche fecret luy fait voftre prefence?
Et quel crime a commis cette recognoiffance,
Qui par vn fentiment, & iufte, & releué,
L'a confacré luy-mefme à qui l'a conferué?
Si vous auiez du Sphinx veu le fanglant rauage...

DIRCE.

Ie puis dire, Seigneur, que j'ay veu dauantage;
I'ay veu ce peuple ingrat, que l'Enigme furprit,
Vous payer affez bien d'auoir eu de l'efprit.
Il pouuoit toutefois auec quelque iuftice
Prendre fur luy le prix d'vn fi rare feruice,
Mais quoy qu'il ait ofé vous payer de mon bien,
En vous faifant fon Roy, vous a-t'il fait le mien?
En fe donnant à vous, eut-il droit de me vendre?

OEDIPE.

Ah, c'eft trop me forcer, Madame, à vous entendre;
La jaloufe fierté qui vous enfle le cœur
Me regarde toûjours comme vn vfurpateur,
Vous voulez ignorer cette iufte maxime,
Que le dernier befoin peut faire vn Roy fans cri-
me,
Qu'vn peuple fans défenfe, & reduit aux abois...

DIRCE.

Le peuple eſt trop heureux quand il meurt pour ſes
    Rois.
Mais, Seigneur, la matiere eſt vn peu delicate,
Vous pouuez vous flater, peut-eſtre ie me flate,
Sans rien approfondir, parlons à cœur ouuert.
    Vous regnez en ma place, & les Dieux l'ont
    ſouffert,
Ie dis plus, ils vous ont ſaiſi de ma couroñne :
Ie n'en murmure point, comme eux ie vous la
    donne,
l'oubliray qu'à moy ſeule ils deuoient la garder ;
Mais ſi vous attentez juſqu'à me commander,
Iuſqu'à prendre ſur moy quelque pouuoir de maiſtre,
Ie me ſouuiendray lors de ce que ie dois eſtre,
Et ſi ie ne le ſuis pour vous faire la loy,
Ie le ſeray du moins pour me choiſir vn Roy.
Apres cela, Seigneur, ie n'ay rien à vous dire,
l'ay fait choix de Theſée, & ce mot doit ſuffire.

OEDIPE.

Et ie veux à mon tour, Madame, à cœur ouuert
Vous apprendre en deux mots que ce grand choix
    vous perd,
Qu'il vous remplit le cœur d'vne attente friuole,
Qu'au Prince Æmon pour vous j'ay dóné ma parole,
Que ie perdray le ſceptre, ou ſçauray la tenir :
Puiſſent, ſi ie la romps, tous les Dieux m'en punir,
Puiſſe de plus de maux m'accabler leur colere,
Qu'Apollon n'en predit jadis pour voſtre frere.

DIRCE.

N'inſultez point au ſort d'vn enfant malheureux,
Et faites des ſermens qui ſoient plus genereux.
On ne ſçait pas toûjours ce qu'vn ſerment hazarde,
Et vous ne voyez pas ce que le Ciel vous garde.

OEDIPE.

On se hazarde à tout, quand vn serment est fait.

DIRCE.

Ce n'est pas de vous seul que dépend son effet.

OEDIPE.

Ie suis Roy, ie puis tout.

DIRCE.

Ie puis fort peu de chose,
Mais enfin de mon cœur moy seule ie dispose,
Et iamais sur ce cœur on n'auancera rien,
Qu'en me donnant vn sceptre, ou me rendant le
mien.

OEDIPE.

Il est quelques moyens de vous faire dédire.

DIRCE.

Il en est de brauer le plus injuste Empire,
Et de quoy qu'on menace en de tels differens,
Qui ne craint point la mort ne craint point les
Tyrans.
Ce mot m'est échappé, ie n'en fais point d'excuse,
I'en feray, si le temps m'apprend que ie m'abuse;
Rendez-vous cependant maistre de tout mon sort,
Mais n'offrez à mon choix que Thesée, ou la mort.

OEDIPE.

On pourra vous guerir de cette frenesie,
Mais il faut aller voir ce qu'a fait Tiresie,
Nous sçaurons au retour encor vos volontez.

DIRCE.

Allez sçauoir de luy ce que vous meritez,

SCENE II.
DIRCE, MEGARE.

DIRCE.

MEgare, que dis-tu de cette violence?
Aprés s'eftre emparé des droits de ma naif-
   fance,
Sa haine opiniaftre à croiftre mes malheurs
M'ofe encor enuier ce qui me vient d'ailleurs.
Elle empefche le Ciel de m'eftre enfin propice,
De reparer vers moy ce qu'il eut d'injuftice,
Et veut lier les mains au Deftin adoucy,
Qui m'offre en d'autres lieux ce qu'on me vole icy.

MEGARE.

Madame, ie ne fçay ce que ie dois vous dire.
La raifon vous anime, & l'amour vous infpire,
Mais ie crains qu'il n'éclate vn peu plus qu'il ne faut,
Et que cette raifon ne parle vn peu trop haut:
Ie crains qu'elle n'irrite vn peu trop la colere
D'vn Roy qui jufqu'icy vous a traitée en pere,
Et qui vous a rendu tant de preuues d'amour,
Qu'il efpere de vous quelque chofe à fon tour.

DIRCE.

S'il a crû m'ébloüir par de fauffes careffes,
I'ay veû fa Politique en former les tendreffes,
Et ces amufemens de ma captiuité
Ne me font rien deuoir à qui m'a tout ofté.

MEGARE.

Vous voyez que d'Æmon il a pris la querelle,

Qu'il l'estime , cherit.
D I R C E.
Politique nouuelle.
M E G A R E.
Mais côment pour Thesée en viendrez vous à bout?
Il le méprise , hait,
D I R C E.
Politique par tout.
Si la flame d'Æmon en est fauorisée,
Ce n'est pas qu'il l'estime , ou méprise Thesée,
C'est qu'il craint dans son cœur que le droit sou-
　　uerain,
(Car enfin il m'est dû) ne tombe en bonne main.
Côme il cognoist le mien, sa peur de me voir Reine
Dispense à mes amants sa faueur, ou sa haine,
Et traiteroit ce Prince ainsi que ce Heros,
S'il portoit la couronne , ou de Sparte, ou d'Argos.
M E G A R E.
Si vous en jugez bien , que vous estes à plaindre !
D I R C E.
Il fera de l'éclat , il voudra me contraindre,
Mais quoy qu'il me prepare à souffrir dans sa
　　Cour,
Il éteindra ma vie auant que mon amour.
M E G A R E.
Esperons que le Ciel vous rendra plus heureuse;
Cependant ie vous trouue assez peu curieuse,
Tout le peuple accablé de mortelles douleurs,
Court voir ce que Lajus dira de nos malheurs,
Et vous ne suiuez point le Roy chez Tiresie,
Pour sçauoir ce qu'en juge vne Ombre si cherie,
D I R C E.
I'ay tant d'autres sujets de me plaindre de luy,
Que ie fermois les yeux à ce nouuel ennuy.

Il auroit fait trop peu de menacer la fille,
Il faut qu'il soit tyran de toute la famille,
Qu'il porte sa fureur jusqu'aux ames sans corps,
Et trouble insolément jusqu'aux cendres des morts.
Mais ces Manes sacrez qu'il arrache au silence,
Se vangeront sur luy de cette violence,
Et les Dieux des Enfers justement irritez
Puniront l'attentat de ses impietez.

MEGARE.

Nous ne sçauons pas bien côme agit l'autre môde,
Il n'est point d'œil perçant dans cette nuit profôde,
Et quand les Dieux vangeurs laissent tomber leur
		bras,
Il tombe assez souuent sur qui n'y pense pas.

DIRCE.

Deust leur decret fatal me choisir pour victime,
Si j'ay part au couroux, ie n'en veux point au crime,
Ie veux m'offrir sans tache à leur bras tout-puissant,
Et n'auoir à verser que du sang innocent.

C

※※※※※※※※※※※※※※※※

SCENE III.

DIRCE, NERINE, MEGARE.

NERINE.

AH, Madame, il en faut de la mefme innocence,
Pour appaifer du Ciel l'implacable vangeance,
Il faut vne victime, & pure, & d'vn tel rang,
Que chacun la voudroit racheter de fon fang.

DIRCE.

Nerine, que dis-tu, feroit-ce bien la Reine?
Le Ciel feroit-il choix d'Antigone, ou d'Ifmene?
Voudroit-il Etheocle, ou Polinice, ou moy?
Car tu me dis affez que ce n'eft pas le Roy,
Et fi le Ciel demande vne victime pure,
Apprehender pour luy, c'eft luy faire vne injure.
Seroit-ce enfin Thefée? Helas! fi c'eftoit luy . . .
Mais nomme, & dy quel fang le Ciel veut aujour-

NERINE.　　　　(d'huy.

L'Ombre du grand Lajus, qui luy fert d'interprete,
De honte ou de dépit fur ce nom eft muëtte,
Ie n'ofe vous nommer ce qu'elle nous a teu;
Mais preparez, Madame, vne haute vertu,
Preftez à ce recit vne ame genereufe,
Et vous mefme jugez fi la chofe eft douteufe.

DIRCE.

Ah, ce fera Thefée, ou la Reine.

NERINE.

　　　　　　　　Efcoutez,
Et tâchez d'y trouuer quelques obfcuritez.

Tirefie a long-temps perdu fes facrifices,
Sans trouuer ny les Dieux, ny les Ombres propices,
Et celle de Lajus éuoqué par fon nom
S'obftinoit au filence auffi-bien qu'Apollon.
Mais la Reine en la place à peine eft arriuée,
Qu'vne épaiffe vapeur s'eft du Temple éleuée,
D'où cette Ombre auffi-toft fortant jufqu'en plein
    iour
A furpris tous les yeux du peuple & de la Cour,
L'imperieux orgueil de fon regard feuere
Sur fon vifage pâle auoit peint la colere,
Tout menaçoit en elle, & des reftes de fang
Par vn prodige affreux luy degoutoient du flanc.
A ce terrible afpect la Reine s'eft troublée,
La frayeur a couru dans toute l'Affemblée,
Et de nos deux Amans j'ay veu les cœurs glacez
A ces funeftes mots que l'Ombre a prononçez.

Vn grand crime impuny caufe voftre mifere,
Par le fang de ma Race il doit eftre effacé,
    Mais à moins qu'il ne foit verfé,
    Le Ciel ne fe peut fatisfaire;
Et la fin de vos maux ne fe fera point voir,
    Que mon Sang n'ait fait fon deuoir.

Ces mots dans tous les cœurs redoublét les alarmes,
L'Ombre qui difparoift laiffe la Reine en larmes,
Thefée au defefpoir, Æmon tout hors de luy,
Le Roy mefme arriuant partage leur ennuy,
Et d'vne voix commune ils refufent vne aide,
Qui fait trouuer le mal plus doux que le remede.

D I R C E.

Peut-eftre craignent-ils que mon cœur reuolté
Ne leur refufe vn fang qu'ils n'ont pas merité;

Mais ma flame à la mort m'auoit trop refoluë,
Pour ne pas y courir quand les Dieux l'ont vouluë,
Tu m'as fait fans raifon conceuoir de l'effroy,
Ie n'ay point deu trébler, s'ils ne veulent que moy.
Ils m'ouurent vne porte à fortir d'efclauage,
Que tient trop precieufe vn genereux courage;
Mourir pour fa patrie eft vn fort plein d'appas,
Pour quiconque à des fers préfere le trépas.
   Admire, peuple ingrat, qui m'as desheritée,
Quelle vengeance en prend ta Princeffe irritée,
Et cognoy dans la fin de tes longs déplaifirs
Ta veritable Reine à fes derniers foûpirs.
Voy comme à tes malheurs ie fuis toute afferuie,
L'vn m'a coufté mon trône, & l'autre veut ma vie,
Tu t'es fauué du Sphinx aux dépens de mon rang,
Sauue-toy de la pefte aux dépens de mon fang.
Mais aprés auoir veu dans la fin de ta peine
Que pour toy le trépas femble doux à ta Reine,
Fais-toy de fon exemple vne adorable loy,
Il eft encor plus doux de mourir pour fon Roy.

MEGARE.

Madame , auroit-on creu que cette Ombre d'vn
     pere,
D'vn Roy dont vous tenez la memoire fi chere,
Dans voftre injufte pèrte euft pris tant d'intereft,
Qu'elle vint elle-mefme en prononcer l'Arreft?

DIRCE.

N'appelle point injufte vn trépas legitime,
Si j'ay caufé fa mort, puis-ie viure fans crime?

NERINE.

Vous, Madame?

DIRCE,
     Ouy, Nerine, & tu l'as pû fçauoir
L'amour qu'il me portoit eut fur luy tel pouuoir,

Qu'il voulut fur mon fort faire parler l'Oracle,
Mais comme à ce deffein la Reine mit obftacle,
De peur que cette voix des Deftins ennemis
Ne fuft auffi funefte à la fille qu'au fils,
Il fe déroba d'elle , ou pluftoft prit la fuite,
Sans vouloir que Phorbas & Nicandre pour fuite.
Helas ! fur le chemin il fut affaffiné,
Ainfi fe vit pour moy fon deftin terminé,
Ainfi j'en fus la caufe.

MEGARE.

Ouy, mais trop innocente,
Pour vous faire vn fupplice où la raifon confente,
Et iamais des tirans les plus barbares loix. . . .

DIRCE.

Megare, tu fçais mal ce que l'on doit aux Rois,
Vn fang fi precieux ne fçauroit fe répandre,
Qu'à l'innocente caufe on n'ait droit de s'en pren-
Et de quelque façon que finiffe leur fort, (dre,
On n'eft point innocent quand on caufe leur mort.
C'eft ce crime impuny qui demande vn fupplice,
C'eft par là que mon pere a part au facrifice,
C'eft ainfi qu'vn trépas , qui me comble d'honneur,
Affeure fa vengeance , & fait voftre bonheur,
Et que tout l'auenir cherira la memoire
D'vn châtiment fi jufte où brille tant de gloire.

~~~~~~

SCENE IV.

THESEE, DIRCE, MEGARE,
NERINE.

DIRCE.

MAis, que voy-ie? Ah, Seigneur, quels que
  soient vos ennuis,
Que venez-vous me dire en l'estat où ie suis?

THESEE.

Ie viens prédre de vous l'ordre qu'il me faut suiure,
Mourir, s'il faut mourir; & viure, s'il faut viure.

DIRCE.

Ne perdez point d'efforts à m'arrester au iour,
Laissez faire l'honneur.

THESEE.

   Laissez agir l'amour.

DIRCE.

Viuez, Prince, viuez.   **THESEE.**
    Viuez donc, ma Princesse.

DIRCE.

Ne me raualez point jusqu'à cette bassesse,
Retarder mon trépas, c'est faire tout perir,
Tout meurt si ie ne meurs.

THESEE.

   Laissez-moy donc mourir.

DIRCE.

Helas! qu'osez-vous dire?

THESEE.

   Helas! qu'allez-vous faire?

DIRCE.

Finir les maux publics, obeïr à mon pere,
Sauuer tous mes sujets.

THESEE.

Par quelle injuſte loy
Faut-ils les ſauuer tous, pour ne perdre que moy?
Eux, dont le cœur ingrat porte les juſtes peines
Du rebelle mépris qu'ils ont fait de vos chaînes!
Qui dans les mains d'vn autre ont mis tout voſtre
bien!

DIRCE.

Leur deuoir violé doit-il rompre le mien?
Les exemples abjets de ces petites ames
Reglent-ils de leur Rois les glorieuſes trames,
Et quel fruit vn grand cœur pourroit-il recueillir
A receuoir du peuple vn exemple à faillir?
Non,non, s'il m'en faut vn, ie ne veux que le voſtre,
L'amour que j'ay pour vous n'en reçoit aucun autre:
Pour le bon-heur public n'auez-vous pas toûjours
Prodigué voſtre ſang, & hazardé vos iours?
Quand vous auez deffait le Minotaure en Créte,
Quand vous auez puny Damaſte, & Periphéte,
Sinnis, Phæa, Scirron, que faiſiez-vous, Seigneur,
Que chercher à perir pour le commun bon-heur?
Souffrez que pour la gloire vne chaleur égale
D'yne amante aujourd'huy vous faſſe vne riuale,
Le Ciel offre à mon bras par où me ſignaler,
S'il ne ſçait pas combatre, il ſçaura m'immoler,
Et ſi cette chaleur ne m'a point abuſée,
Ie deuiendray par là digne du grand Theſée.
Mon ſort en ce point ſeul du voſtre eſt different,
Que ie ne puis ſauuer mon peuple qu'en mourant,
Et qu'au ſalut du voſtre vn bras ſi neceſſaire
A chaque iour pour luy d'autres combats à faire.

THESEE.

J'en ay fait , & beaucoup , & d'affez genereux,
Mais celuy-cy, Madame, eft le plus dangereux ;
J'ay fait trembler par tout , & deuant vous ie treble,
L'Amant & le Heros s'accordent mal enfemble;
Mais enfin apres vous tous deux veulent courir ,
Le Heros ne peut viure, où l'Amant doit mourir,
La fermeté de l'vn par l'autre eft épuifée,
Et fi Dircé n'eft plus , il n'eft plus de Thefée.

DIRCE.

Helas ! c'eft maintenant, c'eft lors que ie vous voy,
Que ce mefme combat eft dangereux pour moy.
Ma vertu la plus forte à voftre afpect chancelle,
Tout mon cœur applaudit à fa flame rebelle,
Et l'honneur , qui charmoit fes plus noirs déplaifirs,
N'eft plus que le tyran de mes plus chers defirs.
Allez, Prince, & du moins par pitié de ma gloire
Gardez-vous d'acheuer vne indigne victoire,
Et fi iamais l'honneur a fçeu vous animer . . .

THESEE.

Helas! à voftre afpect ie ne fçay plus qu'aimer.

DIRCE.

Par vn preffentiment j'ay déja fçeu vous dire
Ce que ma mort fur vous fe referue d'empire,
Voftre bras de la Grece eft le plus ferme appuy,
Viuez pour le public , comme ie meurs pour luy.

THESEE.

Periffe l'Vniuers pourueu que Dircé viue,
Periffe le iour mefme auant qu'elle s'en priue,
Que m'importe la perte , ou le falut de tous ?
Ay-ie rien à fauuer , rien à perdre que vous ?
Si voftre amour , Madame , eftoit encor le mef
　　me,
Si vous fçauiez encor aimer comme on vous aime...

DIRCE.

Ah! faites moins d'outrage à ce cœur affligé,
Que preſſent les douleurs où vous l'auez plongé.
Laiſſez viure du peuple vn pitoyable reſte,
Aux dépens d'vn moment que m'a laiſſé la peſte,
Qui peut-eſtre à vos yeux viendra trancher mes
   iours,
Si mon ſang répandu ne luy tranche le cours.
Laiſſez-moy me flater de cette triſte joye,
Que, ſi ie ne mourois, vous en ſeriez la proye,
Et que ce ſang aimé que répandront mes mains
Sera verſé pour vous plus que pour les Thebains.
Des Dieux mal obeïs la Majeſté ſuprême
Pourroit en ce momét s'en vanger ſur vous meſme,
Et j'aurois cette honte en ce funeſte ſort,
D'auoir preſté mon crime à faire voſtre mort.

THESEE.

Et ce cœur genereux me condamne à la honte
De voir que ma Princeſſe en amour me ſurmonte,
Et de n'obeïr pas à cette aimable loy,
De mourir auec vous, quand vous mourez pour
   moy!
Pour moy, cóme pour vous, ſoyez plus magnanime,
Voyez mieux qu'il y va meſme de voſtre eſtime,
Que le choix d'vn amant ſi peu digne de vous
Soüilleroit cet honneur qui vous ſemble ſi doux,
Et que de ma Princeſſe on diroit d'âge en âge
Qu'elle eut de mauuais yeux pour vn ſi grand cou-

DIRCE.   (rage.

Mais, Seigneur, ie vous ſauue en courant au trépas,
Et mourant auec moy vous ne me ſauuez pas.

THESEE.

La gloire de ma mort n'en deuiendra pas moindre,
Si ce n'eſt vous ſauuer, ce ſera vous rejoindre;

Separer deux amants, c'eſt tous deux les punir;
Et dans le tombeau meſme il eſt doux de s'vnir.

DIRCE.

Que vous m'eſtes cruel, de jetter dans mon ame
Vn ſi honteux deſordre auec des traits de flame !
Adieu, Prince, viuez, ie vous l'ordonne ainſi,
La gloire de ma mort eſt trop douteuſe icy,
Et ie hazarde trop vne ſi noble enuie
A voir l'vnique objet pour qui j'aime la vie.

THESEE.

Vous fuyez, ma Princeſſe, & voſtre adieu fatal...

DIRCE.

Prince, il eſt temps de fuir quand on ſe deffend mal;
Viuez, encor vn coup c'eſt moy qui vous l'ordône.

THESEE.

Le veritable amour ne prend loy de perſonne,
Et ſi ce fier honneur s'obſtine à nous trahir,
Ie renonce, Madame, à vous plus obeïr.

Fin du ſecond Acte.

ACTE III.

SCENE PREMIERE.

DIRCE.

IMPITOYABLE ſoif de gloire,
Dont l'aueugle & noble tranſport
Me fait precipiter ma mort,
Pour faire viure ma memoire,
Arreſte pour quelques momens
Les impetueux ſentimens
De cette inexorable enuie,
Et ſouffre qu'en ce triſte & fauorable iour,
Auant que te donner ma vie,
Ie donne vn ſoûpir à l'amour.

Ne crains pas qu'vne ardeur ſi belle
Oſe te diſputer vn cœur,
Qui de ton illuſtre rigueur
Eſt l'eſclaue le plus fidelle,
Ce regard tremblant & confus,
Qu'attire vn bien qu'il n'attend plus
N'empeſche pas qu'il ne ſe dompte :
Il eſt vray qu'il murmure, & ſe dompte à regret,
Mais s'il m'en faut rougir de honte,
Ie n'en rougiray qu'en ſecret,

L'esclat de cette renommée,
Qu'asseure vn si brillant trépas,
Perd la moitié de ses appas,
Quand on aime, & qu'on est aimée.
L'honneur en Monarque absolu
Soustient ce qu'il a resolu
Contre les assauts qu'on te liure ;
Il est beau de mourir pour en suiure les loix,
Mais il est assez doux de viure,
Quand l'Amour a fait vn beau choix.

Toy qui faisois toute la joye
Dont sa flame osoit me flater,
Prince, que j'ay peine à quitter,
A quelques honneurs qu'on m'enuoye ;
Accepte ce foible retour,
Que vers toy d'vn si juste amour
Fait la douloureuse tendresse ;
Sur les bords de la tombe, où tu me vois courir,
Ie crains les maux que ie te laisse,
Quand ie fais gloire de mourir.

I'en fais gloire, mais ie me cache
Vn comble affreux de déplaisirs,
Ie fais taire tous mes desirs,
Mon cœur à soy-mesme s'arrache.
Cher Prince, dans vn tel aueu,
Si tu peux voir quel est mon feu,
Voy combien il se violente ;
Ie meurs l'esprit content, l'honneur m'en fait la loy
Mais j'aurois vescu plus contente,
Si j'auois pû viure pour toy.

SCEN

SCENE II.

IOCASTE, DIRCE.

DIRCE.

Tout eſt-il preſt, Madame, & voſtre Tireſie
Attend-il aux autels la victime choiſie?

IOCASTE.

Non, ma fille, & du moins nous aurons quelques
    iours
A demander au Ciel vn plus heureux ſecours,
On prépare à demain exprés d'autres victimes,
Le peuple ne vaut pas que vous payiez ſes crimes,
Il aime mieux perir qu'eſtre ainſi conſerué,
Et le Roy meſme, encor que vous l'ayez braué,
Senſible à vos malheurs autant qu'à ma priere
Vous offre ſur ce point liberté toute entiere.

DIRCE.

C'eſt aſſez vainement qu'il m'offre vn ſi grand
    bien,
Quand le Ciel ne veut pas que ie luy doiue rien,
Et ce n'eſt pas à luy de mettre des obſtacles
Aux ordres ſouuerains que donnent ſes Oracles.

IOCASTE.

L'Oracle n'a rien dit.

DIRCE.

        Mais mon pere a parlé,
L'ordre de nos deſtins par luy s'eſt reuelé,
Et des morts de ſon rang les Ombres immortelles
Seruent ſouuent aux Dieux de truchemens fidelles,

D

IOCASTE.

Laiſſez la choſe en doute, & du moins heſitez,
Tant qu'on ait par leur bouche appris leurs volon-
                    DIRCE.   (tez.
Exiger qu'auec nous ils s'expliquent eux-meſmes,
C'eſt trop nous aſſeruir ces Majeſtez ſuprêmes.
                IOCASTE.
Ma fille, il eſt toûjours aſſez-toſt de mourir,
                DIRCE.
Madame, il n'eſt jamais trop toſt de ſecourir,
Et pour vn mal ſi grand qui reclame noſtre aide,
Il n'eſt point de trop ſeur, ny de trop prôpt remede.
Plus nous le differons, plus ce mal deuient grand,
I'aſſaſſine tous ceux que la peſte ſurprend,
Aucun n'en peut mourir qui ne me laiſſe vn crime,
Ie viens d'étouffer ſeule, & Soſtrate, & Phædime,
Et durant ce refus des remedes offerts
La Parque ſe préuaut des momens que ie perds.
Helas! ſi ſa fureur dans ces pertes publiques
Enuelopoit Theſée apres ſes Domeſtiques,
Si nos retardemens...
                IOCASTE.
                    Viuez pour luy, Dircé,
Ne luy dérobez point vn cœur ſi bien placé,
Auec tant de courage ayez quelque tendreſſe,
Agiſſez en amante auſſi-bien qu'en Princeſſe,
Vous auez liberté toute entiere en ces lieux,
Le Roy n'y prend pas garde, & ie ferme les yeux.
C'eſt vous en dire aſſez, l'Amour eſt vn doux mai-
    ſtre,   (ſtre.
Et quand ſon choix eſt beau, ſon ardeur peut paroi-
                    DIRCE.
Ié n'oſe demander ſi de pareils aduis
Portent des ſentimens que vous ayez ſuiuis,

Voſtre ſecond Hymen pût auoir d'autres cauſes;
Mais j'oſeray vous dire, à bien juger des choſes,
Que pour auoir receu la vie en voſtre flanc,
I'y dois auoir ſuccé fort peu de voſtre ſang.
Celuy du grand Lajus, dont ie m'y ſuis formée,
Trouue bien qu'il eſt doux d'aimer & d'eſtre aimée,
Mais il ne peut trouuer qu'on ſoit digne du iour,
Quand aux ſoins de ſa gloire on préfere l'amour.
Ie ſçay ſur les gráds cœurs ce qu'il ſe fait d'empire,
I'auoüe, & hautement, que le mien en ſoûpire,
Mais quoy qu'vn ſi beau choix puiſſe auoir de dou-
    ceurs,   (ſœurs.
Ie garde vn autre exemple aux Princeſſes mes

IOCASTE.

Ie ſouffre tout de vous en l'eſtat où vous eſtes.
Si vous ne ſçauez pas meſme ce que vous faites,
Le chagrin inquiet du trouble où ie vous voy
Vous peut faire oublier que vous parlez à moy:
Mais quittez ces dehors d'vne vertu ſeuere,
Et ſouuenez-vous mieux que ie ſuis voſtre mere.

DIRCE.

Ce chagrin inquiet, pour ſe juſtifier,
N'a qu'à prendre chez vous l'exemple d'oublier.
Quand vous miſtes le ſceptre en vne autre famille,
Vous ſouuint-il aſſez que j'eſtois voſtre fille?

IOCASTE.

Vous n'eſtiez qu'vn enfant.

DIRCE.

              I'auois déja des yeux,
Et ſentois dans mon cœur le ſang de mes ayeux.
C'eſtoit ce meſme ſág, dót vous m'auez fait naiſtre,
Qui s'indignoit deſlors qu'on luy dónaſt vn maiſtre,
Et que vers ſoy Lajus aime mieux rappeler,
Que de voir qu'à vos yeux on l'oſe rauáler.

Il oppose ma mort à l'indigne Hymenée
Où par raison d'Eſtat il me voit deſtinée,
Il la fait glorieuſe, & ie meurs plus pour moy
Que pour ces malheureux qui ſe ſont fait vn Roy.
Le Ciel en ma faueur prend ce cher interprete.
Pour m'épargner l'affront de viure encor ſujette,
Et s'il a quelque foudre, il ſçaura le garder
Pour qui m'a fait des loix où j'ay deu commander.

IOCASTE.

Souffrez qu'à ſes éclairs voſtre orgueil ſe diſſipe,
Ce foudre vous menace vn peu pluſtoſt qu'Oe-
  dipe,
Et le Roy n'a pas lieu d'en redouter les coups,
Quand parmy tout ſon peuple ils n'ont choiſi que
  (vous.

DIRCE.

Madame, il ſe peut faire encor qu'il me preuienne,
S'il ſçait ma deſtinée, il ignore la ſienne,
Le Ciel pourra vanger ſes ordres retardez,
Craignez ce changement que vous luy demandez.
Souuent on l'entend mal, quand on le croit enten-
  dre,
L'Oracle le plus clair ſe fait le moins comprendre,
Moy-meſme ie le dis ſans comprendre pourquoy,
Et ce diſcours en l'air m'échape malgré moy.

Pardonnez cependant à cette humeur hautaine,
Ie veux parler en fille, & ie m'explique en Reine,
Vous qui l'eſtes encor, vous ſçauez ce que c'eſt,
Et juſqu'où nous emporte vn ſi haut intereſt.
Si ie n'en ay le rang, j'en garde la teinture,
Le trône a d'autres droits que ceux de la Nature,
I'en parle trop peut-eſtre alors qu'il faut mourir,
Haſtons-nous d'empeſcher ce peuple de perir,
Et ſans conſiderer quel fut vers moy ſon crime,
Puiſque le Ciel le veut, donnons-luy ſa victime.

IOCASTE.

Demain le iuſte Ciel pourra s'expliquer mieux,
Cependất vous laiſſez bien du trouble en ces lieux,
Et ſi voſtre vertu pouuoit croire mes larmes,
Vous nous épargneriez cent mortelles alarmes.

DIRCE.

Deuſſent auec vos pleurs tous vos Thebains s'vnir,
Ce que n'a pû l'amour, rien ne doit l'obtenir.

SCENE III.

OEDIPE, IOCASTE, DIRCE.

DIRCE.

A Quel propos, Seigneur, voulez-vous qu'on
differe,
Qu'on dédaigne vn remede à tous ſi ſalutaire ?
Chaque inſtant que ie vis vous enleue vn ſujet,
Et l'Eſtat s'affoiblit par l'affront qu'on me fait.
Cette ombre de pitié n'eſt qu'vn comble d'enuie,
Vous m'auez enuié le bon-heur de ma vie,
Et ie vous voy par là jaloux de tout mon ſort,
Iuſques à m'enuier la gloire de ma mort.

OEDIPE.

Qu'on perd de temps, Madame, alórs qu'on vous
fait grace !

DIRCE.

Le Ciel m'en a trop fait pour ſouffrir qu'on m'en
(faſſe.

IOCASTE.

Faut-il voir voſtre eſprit obſtinément aigry,
Quand ce qu'on fait pour vous doit l'auoir attédry?

D iij

OE D I P E,

DIRCE.

Fait-il voir son enuie à mes vœux oppofée;
Quand il ne s'agit plus d'Æmon; ny de Thefée?

OE D I P E.

Il s'agit de répandre vn fang fi precieux,
Qu'il faut vn fecód ordre, & plus exprés des Dieux.

DIRCE.

Doutez-vous qu'à mourir ie ne fois toute prefte,
Quand les Dieux par mon pere ont demandé ma

OE D I P E.   (tefte?

Ie vous cognois, Madame, & ie n'ay point douté
De cet illuftre excez de generofité,
Mais la chofe apres tout n'eft pas encor fi claire,
Que cet ordre nouueau ne nous foit neceffaire.

DIRCE.

Quoy, mon pere tantoft parloit obfcurement?

OE D I P E.

Ie n'en ay rien connu que depuis vn moment,
C'eft vn autre que vous peut-eftre qu'il menace.

DIRCE.

Si l'on ne m'a trompée, il n'en veut qu'à fa race.

OE D I P E.

Ie fçay qu'on vous a fait vn fidelle rapport,
Mais vous pourriez mourir & perdre voftre mort;
Et la Reine fans doute eftoit bien infpirée,
Alors que par fes pleurs elle l'a differée.

I O C A S T E.

Ie ne reçoy qu'en trouble vn fi confus efpoir.

OE D I P E.

Ce trouble augmentera peut-eftre auant ce foir.

I O C A S T E.

Vous auancez des mots que ie ne puis comprendre.

OE D I P E.   (dre;

Vous vous plaindrez fort peu de ne les point enten-

Nous deuons bien-toſt voir le myſtere éclaircy,
Madame, cependant vous eſtes libre icy,
La Reine vous l'a dit, ou vous a dû le dire,
Et ſi vous m'entendez, ce mot vous doit ſuffire.

DIRCE.

Quelque ſecret motif qui vous aye excité
A ce tardif excés de generoſité,
Ie n'emporteray point de Thebes dans Athenes
La colere des Dieux, & l'amas de leurs haines,
Qui pour premier objet pourroient choiſir l'époux
Pour qui j'aurois oſé meriter leur couroux.
Vous leur faites demain offrir vn ſacrifice ?

OEDIPE.

I'en eſpere pour vous vn deſtin plus propice,

DIRCE.

I'y trouueray ma place, & feray mon deuoir.
Quant au reſte, Seigneur, ie n'en veux rien ſçauoir,
I'y prés ſi peu de part, que ſans m'en mettre en peine,
Ie vous laiſſe expliquer voſtre Enigme à la Reine.
Mon cœur doit eſtre las d'auoir tant combatu,
Et fuit vn piege adroit qu'on tend à ſa vertu.

SCENE IV.

OEDIPE, IOCASTE, Suite.

OEDIPE.

MAdame, quand des Dieux la réponse funeste,
De peur d'vn parricide, & de peur d'vn in-
ceste,
Sur le mont Cytheron fit exposer ce fils
Pour qui tant de forfaits auoient esté predits,
Sçeustes-vous faire choix d'vn ministre fidelle ?

IOCASTE.

Aucun pour le feu Roy n'a montré plus de zéle;
Et quand par des voleurs il fust assassiné,
Ce digne fauory l'auoit accompagné ;
Par luy seul on a sçeu cette noire auanture,
On le trouua percé d'vne large blessure,
Si baigné dans son sang, & si prés de mourir,
Qu'il fallut vne année, & plus, pour l'en guerir.

OEDIPE.

Est-il mort ?

IOCASTE.

Non, Seigneur, la perte de son maistre
Fut cause qu'en la Cour il cessa de paroistre,
Mais il respire encor assez vieil & cassé,
Et Megare sa fille est auprés de Dircé.

DIRCE.

Où fait-il sa demeure ?

IOCASTE,

Au pied de cette Roche,
Que de ces tristes murs nous voyós la plus proche

OE D I P E,

Tâchez de luy parler,

IOCASTE.

I'y vay tout de ce pas,
Qu'on me prepare vn char pour aller chez Phorbas.
Son degouft de la Cour pourroit fur vn meffage
S'excufer par caprice , & pretexter fon âge,
Dans vne heure au plus tard ie fçauray vous reuoir;
Mais que dois-ie luy dire , & qu'en faut-il fçauoir ?

OE D I P E.

Vn bruit court depuis peu qu'il vous a mal feruie,
Que ce fils qu'on croit mort eft encor plein de vie;
L'Oracle de Lajus par là deuient douteux,
Et tout ce qu'il a dit peut s'eftendre fur deux.

IOCASTE.

Seigneur, ou fur ce bruit ie fuis fort abufée,
Ou ce n'eft qu'vn effet de l'amour de Thefée;
Pour fauuer ce qu'il aime , & vous embaraffer ,
Iufques à voftre oreille il l'aura fait paffer;
Mais Phorbas aifément conuaincra d'impofture
Quiconque ofe à fa foy faire vne telle injure.

OE D I P E.

L'innocence de l'âge aura pû l'émouuoir.

IOCASTE.

Ie l'ay toûjours connu ferme dans fon deuoir;
Mais fi déja ce bruit vous met en jaloufie,
Vous pouuez confulter le Deuin Tirefie,
Publier fa réponfe , & traiter d'impofteur
De cette illufion le temeraire autheur.

OE D I P E.

Ie viens de le quitter, & de là vient ce trouble
Qu'en mon cœur alarmé chaque moment redouble.
Ce Prince , m'a-t'il dit , refpire en voftre Cour,
Vous pourrez le connoiftre auant la fin du iour,

Mais il pourra vous perdre en se faisant connoistre;
Puisse-t'il ignorer quel sang luy donne l'estre.
Voila ce qu'il m'a dit d'vn ton si plein d'effroy,
Qu'il l'a fait rejallir jusque en l'ame d'vn Roy.
Ce fils qui deuoit estre inceste & parricide,
Doit auoir vn cœur lâche, vn courage perfide,
Et par vn sentiment facile à deuiner,
Il ne se cache icy que pour m'assassiner:
C'est par là qu'il aspire à deuenir Monarque,
Et vous le connoistrez bien-tost à cette marque.
    Quoy qu'il en soit, Madame, allez trouuer Phor-
        bas,
Tirez-en, s'il se peut, les clartez qu'on n'a pas.
Tâchez en mesme temps de voir aussi Thesée;
Dites-luy qu'il peut faire vne conqueste aisée,
Qu'il ose pour Dircé, que ie n'en verray rien.
I'admire vn changement si confus que le mien :
Tantost dans leur Hymen ie croyois voir ma perte,
I'allois pour l'empescher jusqu'à la force ouuerte,
Et sans sçauoir pourquoy, ie voudrois que tous
        deux
Fussent loin de ma veuë au comble de leurs vœux,
Que les emportemens d'vne ardeur mutuelle
M'eussent débarassé de son amant, & d'elle.
Bien que de leur vertu rien ne me soit suspect,
Ie ne sçay quelle horreur me trouble à leur aspect,
Ma raison la repousse, & ne m'en peut defendre,
Moy mesme en cet estat ie ne puis me comprendre,
Et l'Enigme du Sphinx fut moins obscur pour moy
Que le fond de mon cœur ne l'est dans cet effroy.
Plus ie le considere, & plus ie m'en irrite :
Mais ce Prince paroit, souffrez que ie l'éuite,
Et si vous vous sentez l'esprit moins interdit,
Agissez auec luy comme ie vous ay dit.

SCENE V.

IOCASTE, THESEE.

IOCASTE.

PRince, que faites-vous ? quelle pitié craintiue,
Quel faux respect des Dieux tient vostre flame
oisiue ?
Auez-vous oublié comme il faut secourir ?

THESEE.

Dircé n'est plus, Madame, en estat de perir,
Le Ciel vous rend vn fils, & ce n'est qu'à ce Prince
Qu'est deu le triste honneur de sauuer sa Prouince.

IOCASTE.

C'est trop vous asseurer sur l'éclat d'vn faux bruit.

THESEE.

C'est vne verité dont ie suis mieux instruit.

IOCASTE.

Vous le cognoissez donc ?

THESEE.

A l'égal de moy-mesme.

IOCASTE.

De quand ?

THESEE.

De ce moment.

IOCASTE,

Et vous l'aimez ?

THESEE.

Ie l'aime,
Iusque à mourir du coup dont il sera percé.

IOCASTE.

Mais cette amitié cede à l'amour de Dircé ?

THESEE.

Helas, cette Princesse à mes desirs si chere
En vn fidelle amant trouue vn malheureux frere,
Qui mourroit de douleur d'auoir changé de sort,
N'estoit le prompt secours d'vne plus digne mort,
Et qu'assez-tost connu pour mourir au lieu d'elle,
Ce frere malheureux meurt en amant fidelle.

IOCASTE.

Quoy, vous estes mon fils?

THESEE.

Et celuy de Lajus.

IOCASTE.

Qui vous a pû le dire ?

THESEE.

Vn témoin qui n'est plus,
Phædime qu'à mes yeux vient de rauir la peste.
Non qu'il m'en ait donné la preuue manifeste,
Mais Phorbas, ce vieillard qui m'exposa jadis,
Répondra mieux que luy de ce que ie vous dis,
Et vous éclaircira touchant vne auanture
Dont ie n'ay pû tirer qu'vne lumiere obscure. (rani

Ce peu qu'en ont pour moy les soûpirs d'vn mou
Du grand droit de regner seroit mauuais garand,
Mais ne permettez pas que le Roy me soupçonne,
Comme si ma naissance ébranloit sa couronne;
Quelque hôneur, quelques droits qu'elle ait pû m'ac
Ie ne viens disputer que celuy de mourir. (queri

IOCASTE.

Ie ne sçay si Phorbas auoûra vostre histoire,
Mais qu'il l'auoüe, ou nô, j'auray peine à vous croir
Auec vostre mourant Tiresie est d'accord,
A ce que dit le Roy, que mon fils n'est point mort,
C'e

C'eſt déja quelqué choſe, & touteſois mon ame
Aime à tenir ſuſpecte vne ſi belle flame,
Ie ne ſens point pour vous l'émotió du ſang,(rang,
Ie vous trouue en mon cœur toûjours au meſme
I'ay peine à voir vn fils, où j'ay creu voir vn gêdre;
La Nature auec vous reſuſe de s'entendre,
Et me dit en ſecret ſur voſtre emportement,
Qu'il a bien peu d'vn frere,& beaucoup d'vn amãt;
Qu'vn frere a pour des ſœurs vne ardeur plus re-
    miſe,
A moins que ſous ce tiltre vn amant ſe déguiſe,
Et qu'il cherche en mourant la gloire & la douceur
D'arracher à la mort ce qu'il nomme ſa ſœur.

THESEE.

Que vous connoiſſez mal ce que peut la Nature!
Quand d'vn parfait amour elle a pris la teinture,
Et que le deſeſpoir d'vn illuſtre projet
Se joint aux déplaiſirs d'en voir perir l'objet,
Il eſt doux de mourir pour vne ſœur ſi chere:
Ie l'aimois en amant, ie l'aime encor en frere,
C'eſt ſous vn autre nom le meſme empreſſement,
Ie ne l'aime pas moins, mais ie l'aime autrement.
L'ardeur ſur la vertu fortement eſtablie
Par ces retours du ſang ne peut eſtre affoiblie,
Et ce ſang qui preſtoit ſa tendreſſe à l'amour,
A droit d'en emprunter les forces à ſon tour.

IOCASTE.

Et bien, ſoyez mon fils, puiſque vous voulez l'eſtre,
Mais donnez-moy la marque où ie le dois connoi-
    ſtre.
Vous n'eſtes point ce fils, ſi vous n'eſtes méchant,
Le Ciel ſur ſa naiſſance imprima ce panchant,
I'en vois quelque partie en ce deſir inceſte, (reſte?
Mais pour ne plus douter, vous chargez-vous du

E

Eftes-vous l'affaffin , & d'vn pere , & d'vn Roy?
THESEE.
Ah, Madame, ce mot me fait pâlir d'effroy.
IOCASTE.
C'eftoit là de mon fils la noire Deftinée,
Sa vie à ces forfaits par le Ciel condamnée
N'a pû fe dégager de cét Aftre ennemy,
Ny de fon afcendant s'échaper à demy.
Si ce fils vit encore , il a tué fon pere,
C'en eft l'indubitable , & le feul caractere,
Et le Ciel, qui prit foin de nous en auertir,
L'a dit trop hautement pour fe voir démentir,
Sa mort feule pouuoit le dérober au crime.
Prince , renoncez donc à toute voftre eftime,
Dites que vos vertus font crimes déguifez,
Receuez tout le fort que vous vous impofez,
Et pour remplir vn nom dont vous eftes auide,
Acceptez ceux d'incefte, & de fils parricide:
I'en croiray ces témoins que le Ciel m'a preferits,
Et ne vous puis donner mon adueu qu'à ce prix,
THESEE.
Quoy, la neceffité des vertus & des vices
D'vn Aftre imperieux doit fuiure les caprices,
Et l'homme fur foy-mefme a fi peu de credit,
Qu'il deuient fcelerat quand Delphes l'a predit?
L'ame eft donc toute efclaue , vne loy fouueraine
Vers le bien ou le mal inceffamment l'entraifne,
Et nous ne receuons , ny crainte , ny defir,
De cette liberté qui n'a rien à choifir,
Attachez fans relâche à cet ordre fublime,
Vertueux fans merite , ce vicieux fans crime.
Qu'on maffacre les Rois , qu'on brife les Autels,
C'eft la faute des Dieux , & non pas des Mor-
tels,

De toute la vertu fur la Terre épanduë,
Tout le prix à ces Dieux, toute la gloire eſt deuë,
Ils agiſſent en nous quand nous penſons agir,
Alors qu'on delibere , on ne fait qu'obeïr,
Et noſtre volonté n'aime , haït , cherche , éuite,
Que ſuiuant que d'enhaut leur bras la précipite.
 D'vn tel aueuglement daignez me diſpenſer,
Le Ciel juſte à punir, juſte à recompenſer,
Pour rendre aux actions leur peine, ou leur ſalaire,
Doit nous offrir ſon aide , & puis nous laiſſer faire.
N'enfonçons toutefois ny voſtre œil , ny le mien,
Dans ce profond abyſme où nous ne voyons rien ;
Delphes a pû vous faire vne fauſſe réponſe,
L'argent pût inſpirer la voix qui les prononce,
Cet organe des Dieux pût ſe laiſſer gagner
A ceux que ma naiſſance éloignoit de regner,
Et par tous les climats on n'a que trop d'exemples
Qu'il eſt ainſi qu'ailleurs des méchans dans les
  Temples.   (bats
Du moins puis-ie aſſeurer que dans tous mes com-
Ie n'ay jamais ſouffert de ſeconds que mon bras,
Que ie n'ay jamais veu ces lieux de la Phocide
Où fut par des brigands commis ce parricide,
Que la fatalité des plus preſſans malheurs ,
Ne m'auroit pû reduire à ſuiure des voleurs,
Que j'en ay trop puny pour en croiſtre le nombre.

   I O C A S T E.

Mais Lajus a parlé , vous en auez veu l'Ombre,
De l'Oracle auec elle on voit tant de rapport,
Qu'on ne peut qu'à ce fils en imputer la mort,
Et c'eſt le dire aſſez, qu'ordonner qu'on efface
Vn grand crime impuny par le ſang de ſa race.
Attendons toutefois ce qu'en dira Phorbas,
Autre que luy n'a veu ce malheureux trépas,

      E ij

Et de ce témoin seul dépend la connoissance,
Et de ce parricide , & de vostre naissance.
Si vous estes coupable , évitez-en les yeux,
Et de peur d'en rougir, prenez d'autres ayeux.

THESEE.

Ie le verray , Madame , & sans inquietude,
Ma naissance confuse a quelque incertitude,
Mais pour ce parricide , il est plus que certain
Que ce ne fut jamais vn crime de ma main.

Fin du troisiéme Acte.

ACTE IV.

SCENE PREMIERE.

THESEE, DIRCE, MEGARE.

DIRCE.

V Y ; déja fur ce bruit l'amour m'auoit
  flatée,
 Mon ame auec plaifir s'eftoit inquie-
  tée,
Et ce jaloux honneur qui ne confentoit pas
Qu'vn frere me rauift vn glorieux trépas,
Apres cette douceur fierement refufée,
Ne me refufoit point de viure pour Thefée;
Et laiffoit doucement corrompre fa fierté
A l'efpoir renaiffant de ma perplexité.
Mais fi ie vois en vous ce déplorable frere,
Quelle faueur du Ciel voulez-vous que j'efperé,
S'il n'eft pas en fa main de m'arrefter au iour,
Sans faire foûleuer, & l'honneur,& l'amour?
S'il dédaigne mon fang, il accepte le voftre,
Et fi quelque miracle épargne l'vn & l'autre,
Pourra-t'il détacher de mon fort le plus doux
L'amertume de viure, & n'eftre point à vous?
      E iij

THESEE.

Le Ciel choifit fouuent de fecrettes conduites
Qu'on ne peut démefler qu'apres de longües fuites,
Et de mon fort douteux l'obfcur éuenement
Ne défend pas l'efpoir d'vn fecond changement.
Ie cheris ce premier qui vous eft falutaire,
Ie ne puis en amant ce que ie puis en frere,
I'en garderay le nom tant qu'il faudra mourir;
Mais fi iamais d'ailleurs on peut vous fecourir,
Peut-eftre que le Ciel me faifant mieux connoiftre,
Si-toft que vous viurez, ie cefferay de l'eftre ,
Car ie n'afpire point à calmer fon couroux,
Et ne veux, ny mourir, ny viure que pour vous.

DIRCE.

Cet amour mal efteint fied mal au cœur d'vn frete,
Où le fang doit parler , c'eft à luy de fe taire,
Et fi-toft que fans crime il ne peut plus durer,
Pour fes feux les plus vifs il eft temps d'expirer.

THESEE.

Laiffez-luy conferuer ces ardeurs empreffées
Qui vous faifoient l'objet de toutes mes penfées;
I'ay mefmes yeux encor, & vous, mefmes appas,
Si mon fort eft douteux, mon fouhait ne l'eft pas,
Mon cœur n'écoute point ce que le fang veut dire,
C'eft d'amour qu'il gémit , c'eft d'amour qu'il foû-
　　　　pire,
Et pour pouuoir fans crime en goufter la douceur,
Il fe reuolte exprés contre le nom de fœur.
De mes plus chers defirs ce partifan fincere
En faueur de l'amant tyrannife le frere,
Et partage à tous deux le digne empreffement
De mourir comme frere , & viure comme amant.

DIRCE.

O du fang de Lajus preuues trop manifeftes,

Le Ciel vous deſtinant à des flámes inceſtes,
A ſçeu de voſtre eſprit déraciner l'horreur
Que doit faire à l'amour le ſacré nom de ſœur;
Mais ſi ſa flame y garde vne place vſurpée,
Dircé dans voſtre erreur n'eſt point enuelopée,
Elle ſe défend mieux de ce trouble inteſtin,
Et ſi c'eſt voſtre ſort, ce n'eſt pas ſon deſtin.
Non qu'enfin ſa vertu vous regarde en coupable,
Puiſque le Ciel vous force, il vous rend excuſable,
Et l'amour pour les ſens eſt vn ſi doux poiſon,
Qu'on ne peut pas toûjours écouter la raiſon.
Moy-meſme en qui l'honneur n'accepte aucune
    grace,
I'aime en ce douteux ſort tout ce qui m'embaraſſe,
Ie ne ſçay quoy m'y plaiſt qui n'oſe s'exprimer,
Et ce confus mélange a dequoy me charmer.
Ie n'aime plus qu'en ſœur, & malgré-moy j'eſ-
    pere;
Ah, Prince, s'il ſe peut ne ſoyez point mon frere,
Et laiſſez-moy mourir auec les ſentimens
Que la gloire permet aux illuſtres amans.
                    THESEE.
Ie vous ay déja dit, Princeſſe, que peut-eſtre
Si-toſt que vous viurez ie ceſſeray de l'eſtre:
Faut-il que ie m'explique, & toute voſtre ardeur
Ne peut-elle ſans moy lire au fond de mon cœur?
Puiſqu'il eſt tout à vous, penetrez-y, Madame,
Vous verrez que ſans crime il conſerue ſa flame,
Si ie ſuis deſcendu juſqu'à vous abuſer,
Vn iuſte deſeſpoir m'auroit fait plus oſer,
Et l'amour pour défendre vne ſi chere vie
Peut faire vanité d'vn peu de tromperie.
I'en ay tiré ce fruit, que ce nom deceuant
A fait connoiſtre icy que ce Prince eſt viuant.

Phorbas l'a confeßé , Tirefie a luy-mefme
Appuyé de fa voix cet heureux ftratagême,
C'eft par luy qu'on a fçeu qu'il refpire en ces lieux:
Souffrez donc qu'vn moment ie trompe encor leurs
     yeux,
Et puifque dans ce iour ce frére doit paroiftre,
Iufqu'à ce qu'on l'ait veu permettez-moy de l'eftre,

D I R C E.

Ie pardonne vn abus que l'amour a formé,
Et rien ne peut déplaire alors qu'on eft aimé.
Mais hazardiez-vous tant fans aucune lumiere ?

T H E S E E.

Megare m'auoit dit le fecret de fon pere ,
Il m'a valu l'honneur de m'expofer pour tous,
Mais ie n'en abufois que pour mourir pour vous,
Le fuccez a paßé cette trifte efperance,
Ma flame en vos perils ne voit plus d'apparence,
Si l'on peut à l'Oracle adjoufter quelque foy,
Ce fils a de fa main verfé le fang du Roy,
Et fon Ombre , en parlant de punir vn grand crime,
Dit aßez que c'eft luy qu'elle veut pour victime.

D I R C E.

Prince , quoy qu'il en foit , n'empefchez plus ma
     mort,
Si par le Sacrifice on n'éclaircit mon fort.
La Reine qui paroit fait que ie me retire,
Sçachât ce que ie fçay , j'aurois peur d'en trop dire,
Et comme enfin ma gloire a d'autres interefts,
Vous fçaurez mieux fans moy ménager vos fecrets,
Mais puifque vous voulez que mon efpoir reuiue,
Ne tenez pas long-temps la verité captiue,

SCENE II.

IOCASTE, THESEE, NERINE.

IOCASTE.

PRince, j'ay veu Phorbas, & tout ce qu'il m'a dit
A ce que vous croyez peut donner du credit.
Vn paſſant inconnu, touché de cette enfance
Dont vn Aſtre enuieux condamnoit la naiſſance,
Sur le mont Cytheron receut de luy mon fils,
Sans qu'il luy demandaſt ſon nom, ny ſon païs,
De crainte qu'à ſon tour il ne conceuſt l'enuie
D'apprendre dans quel ſang il conſeruoit la vie.
Il l'a reueu depuis, & preſque tous les ans,
Dans le Temple d'Elide offrir quelques preſens,
Ainſi chacun des deux cognoit l'autre au viſage,
Sans s'eſtre l'vn à l'autre expliquez dauantage.
Il a bien ſçeu de luy que ce fils conſerué
Reſpire encor le iour dans vn rang eſleué,
Mais ie demande en vain qu'à mes yeux il le mon-
tre,
A moins que ce vieillard auec luy ſe rencontre.
Si Phædime apres luy vous eut en ſon pouuoir,
De cet inconnu meſme il pût vous receuoir,
Et voyant à Trœzéne vne mere affligée
De la perte du fils qu'elle auoit eu d'Ægée,
Vous offrir en ſa place, elle vous accepter:
Tout ce qui ſur ce point pourroit faire douter,
C'eſt qu'il vous a ſouffert dans vne flame inceſte,
Et n'a parlé de rien qu'en mourant de la peſte.

Mais d'ailleurs Tiresie a dit que dans ce iour
Nous pourrions voir ce Prince, & qu'il vit dans la
   Cour,
Quelques momens apres on vous a veu paroistre,
Ainsi vous pouuez l'estre, & pouuez ne pas l'estre.
Passons outre. A Phorbas adjousteriez-vous foy?
S'il n'a pas veu mon fils, il vit la mort du Roy,
Il cognoit l'assassin, voulez-vous qu'il vous voye?

THESEE.

Ie le verray, Madame, & l'attens auec joye,
Seur, cóme ie l'ay dit, qu'il n'est malheurs si grands,
Qui m'eussent pû reduire à suiure des brigands.

IOCASTE.

Ne vous asseurez point sur cette conjecture,
Et souffrez qu'elle cede à la verité pure:
Honteux qu'vn homme seul eust triomphé de trois,
Qu'il en eust tué deux, & mis l'autre aux abois,
Phorbas nous suppofa ce qu'il nous en fit croire,
Et parla de brigands pour sauuer quelque gloire:
Il me vient d'auoüer sa foiblesse à genoux;
D'vn bras seul, m'a-t'il dit, partirent tous les coups;
Vn bras seul à tous trois nous ferma le passage,
Et d'vne seule main ce grand crime est l'ouurage.

THESEE.

Le crime nest pas grand s'il fut seul contre trois,
Mais iamais sans forfait on ne se prend aux Rois,
Et fussent-ils cachez sous vn habit champestre,
Leur propre Majesté les doit faire cognoistre.
L'assassin de Lajus est digne du trépas,
Bien que seul contre trois il ne le conneust pas,
Pour moy, ie l'auoûray, que iamais ma vaillance
A mon bras contre trois n'a commis ma défense;
L'œil de vostre Phorbas aura beau me chercher,
Iamais dans la Phocide on ne m'a veu marcher;

Qu'il vienne, à ses regards sans crainte ie m'expose,
Et c'est vn imposteur, s'il vous dit autre chose.

IOCASTE.

Faites entrer Phorbas. Prince, pensez-y bien.

THESEE.

S'il est homme d'honneur, ie n'en dois craindre
rien.

IOCASTE.

Vous voudrez, mais trop tard, en éuiter la veuë.

THESEE.

Qu'il vienne, il tarde trop, cette lenteur me tuë,
Et si ie le pouuois, sans perdre le respect,
Ie me plaindrois vn peu de me voir trop suspect.

SCENE III.

IOCASTE, THESEE, PHORBAS,
NERINE.

IOCASTE.

Aissez-moy luy parler, & prestez-nous silence,
Phorbas, enuisagez ce Prince en ma presence.
Le reconnoissez-vous?

PHORBAS.

Quoy? huit Lustres aprés,
Ie pourrois d'vn enfant reconnoistre les traits?

IOCASTE.

Ie sçais ainsi que vous que les traits de l'enfance
N'ont auec ceux d'vn homme aucune ressemblance,
Mais comme ce Heros, s'il est sorty de moy,
Doit auoir de sa main versé le sang du Roy,

Seize ans n'ont pas changé tellement son visage,
Que vous n'en côseruiez quelque imparfaite image.
PHORBAS.
Helas! j'en garde encor si bien le souuenir,
Que ie l'auray present durant tout l'auenir.
Si pour connoistre vn fils il vous faut cette marque,
Ce Prince n'est point né de nostre grand Monarque,
Mais desabusez-vous, & sçachez que sa mort
Ne fut jamais d'vn fils le parricide effort.
IOCASTE.
Et de qui donc, Phorbas? auez-vous connoissance
Du nom du meurtrier? sçauez-vous sa naissance?
PHORBAS.
Et de plus sa demeure, & son rang. Est-ce assez?
IOCASTE.
Ie sçauray le punir si vous le connoissez,
Pourrez-vous le conuaincre?
PHORBAS.
Et par sa propre bouche.
IOCASTE.
A nos yeux?
PHORBAS.
A vos yeux; mais peut-estre il vous touche,
Peut-estre y prendrez-vous vn peu trop d'interest,
Pour m'en croire aisément, quand j'auray dit qu
c'est.
THESEE.
Ne nous déguisez rien, parlez en asseurance,
Que le fils de Lajus en hâte la vangeance.
IOCASTE.
Il n'est pas asseuré, Prince, que ce soit vous,
Comme il l'est que Lajus fut jadis mon époux;
Et d'ailleurs si le Ciel vous choisit pour victime,
Vous me deuez laisser à punir ce grand crime.
THESEE

THESEE.
Auant que de mourir vn fils peut le vanger.

PHORBAS,
Si vous l'eftes, ou non, ie ne le puis juger,
Mais ie fçay que Thefée eft fi digne de l'eftre,
Qu'au feul nom qu'il en prend ie l'accepte pour
  maiftre.
Seigneur, vangez vn pere, ou ne fouftenez plus
Que nous voyons en vous le vray fang de Lajus.

IOCASTE.
Phorbas, nommez ce traiftre, & nous tirez de doute,
Et j'attefte à vos yeux le Ciel qui nous écoute,
Que pour cet affaffin il n'eft point de tourmens
Qui puiffent fatisfaire à mes reffentimens.

PHORBAS.
Mais fi ie vous nommois quelque perfonne chere,
Æmon voftre neveu, Creon voftre feul frere,
Ou le Prince Lycus, ou le Roy voftre époux,
Me pourriez-vous en croire, ou garder ce couroux?

IOCASTE.
De ceux que vous nommez ie fçay trop l'innocéce.

PHORBAS.
Peut-eftre qu'vn des quatre a fait plus qu'il ne péfe,
Et j'ay lieu de juger qu'vn trop cuifant ennuy,

IOCASTE.
Voicy le Roy qui vient, dites tout deuant luy.

SCENE IV.

OEDIPE, IOCASTE, THESEE,
PHORBAS, Suite.

OEDIPE.

SI vous trouuez vn fils dans le Prince Thesée,
Mon ame en son effroy s'estoit bien abusée,
Il ne choisira point de chemin criminel
Quand il voudra rentrer au trône paternel,
Madame, & ce sera du moins à force ouuerte
Qu'vn si vaillant guerrier entreprendra ma perte.
Mais dessus ce vieillard plus ie porte les yeux,
Plus ie croy l'auoir veu jadis en d'autres lieux.
Ses rides me font peine à le bien reconnoistre.
Ne m'as-tu iamais veu?

PHORBAS.

　　　Seigneur, cela peut estre.

OEDIPE.

Il y pourroit auoir entre quinze & vingt ans.

PHORBAS.

I'ay de confus rapports d'enuiron mesme temps.

OEDIPE.

Enuiron ce temps-là fis-tu quelque voyage?

PHORBAS.

Ouy, Seigneur, en Phocide, & là dans vn passage...

OEDIPE.

Ah! ie te reconnois, ou ie suis fort trompé,
C'est vn de mes brigands à la mort échapé,

Madame, & vous pouuez luy choifir des fupplices,
S'il n'a tué Lajus, il fut vn des complices.

        IOCASTE.

C'eft vn de vos brigands ! ah ! que me dites-vous ?

        OEDIPE.

Ie le laiffay pour mort, & tout percé de coups.

        PHORBAS.

Quoy ! vous m'auriez bleffé ? moy, Seigneur ?

        OEDIPE.

                  Ouy, perfide.
Tu fis pour ton malheur ma rencontre en Phocide,
Et tu fus vn des trois que ie fçeus arrefter
Dans ce paffage eftroit qu'il falut difputer.
Tu marchois le troifiéme, en faut-il dauantage ?

        PHORBAS.

Si de mes compagnons vous peigniez le vifage,
Ie n'aurois rien à dire, & ne pourrois nier.

        OEDIPE.

Seize ans, à ton aduis, m'ont fait les oublier ?
Ne le préfume pas, vne action fi belle
En laiffe au fond de l'ame vne idée immortelle;
Et fi dans vn combat on ne perd point de temps
A bien examiner les traits des combatans,
Apres que celuy-cy m'eut tout couuert de gloire,
Ie fçeus tout à loifir contempler ma victoire.
Mais tu nieras encore, & n'y cognoiftras rien.

        PHORBAS.

Ie feray conuaincu, fi vous les peignez bien,
Les deux que ie fuiuis font connus de la Reine.

        OEDIPE.

Madame, jugez donc fi fa défenfe eft vaine.
    Le premier de ces trois que mon bras fçeut pu-
      nir
A peine meritoit vn leger fouuenir.

               F ij

Petit de taille, noir, le regard vn peu louche,
Le front cicatrisé, la mine aſſez farouche,
Mais homme, à dire vray, de ſi peu de vertu,
Que dés le premier coup ie le vis abatu.

    Le ſecond, ie l'auoüe, auoit vn grand courage,
Bien qu'il paruſt déja dans le panchant de l'âge ;
Le front aſſez ouuert, l'œil perçant, le teint frais,
On en peut voir en'moy la taille, & quelques traits,
Chauue ſur le deuant, meſlé ſur le derriere,
Le port majeſtueux, & la demarche fiere,
Il ſe defendit bien, & me bleſſa deux fois,
Et tout mon cœur s'émût de le voir aux abois.
Vous pâliſſez, Madame !

          I O C A S T E.
                    Ah, Seigneur, puis-je apprendre
Que vous ayez tué Lajus aprés Nicandre,
Que vous ayez bleſſé Phorbas de voſtre main,
Sans en fremir d'horreur, ſans en pâlir ſoudain ?

          OE D I P E.
Quoy ! c'eſt-là ce Phorbas qui vit tuer ſon maiſtre !

          I O C A S T E.
Vos yeux apres ſeize ans l'ont trop ſçeu reconoître,
Et ſes deux compagnons que vous auez dépeints
De Nicandre & du Roy portent les traits empraints.

          OE D I P E.
Mais ce fut des brigands, dont le bras...

          I O C A S T E.
                      C'eſt vn conte
Dont Phorbas au retour voulut cacher ſa honte,
Vne main ſeule, helas ! fit ces funeſtes coups,
Et par voſtre rapport ils partirent de vous.

          P H O R B A S.
I'en fus preſque ſans vie vn peu plus d'vne année,
Auant ma guerison on vit voſtre Hymenée,

Ie gueris, & mon cœur en secret mutiné
De connoistre quel Roy vous nous auiez donné,
S'impofa cét exil dans vn fejour champeftre,
Attendant que le Ciel me fift vn autre maiftre.

THESEE.

Seigneur, ie fuis le frere, ou l'amant de Dircé,
Et fon pere, ou le mien de voftre main percé...

OEDIPE.

Prince, ie vous entens, il faut vanger ce pere,
Et ma perte à l'Eftat femble eftre neceffaire,
Puifque de nos malheurs la fin ne fe peut voir
Si le fang de Lajus ne remplit fon deuoir.
C'eft ce que Tirefie auoit voulu me dire:
Mais ce refte du iour fouffrez que ie refpire.
Le plus feuere honneur ne fçauroit murmurer
De ce peu de momens que j'ofe differer,
Et ce coup furprenant permet à voftre haine
De faire cette grace aux larmes de la Reine.

THESEE.

Nous nous verrós demain, Seigneur,& refoudrons.

OEDIPE.

Quand il en fera temps, Prince, nous répondrons,
Et s'il faut aprés tout qu'vn grand crime s'efface
Par le fang que Lajus a tranfmis à fa race,
Peut-eftre aurez-vous peine à reprendre fon rang,
Qu'il ne vous ait coufté quelque peu de ce fang.

THESEE.

Demain chacun de nous fera fa deftinée.

SCENE V.

OEDIPE, IOCASTE, Suite.

IOCASTE.

Qve de maux nous promet cette trifte journée!
J'y dois voir ou ma fille, ou mon fils s'immoler,
Tout le fang de ce fils de voftre main couler,
Ou de la fienne enfin le voftre fe répandre ;
Et ce qu'Oracle aucun n'a fait encor attendre,
Rien ne m'affranchira de voir fans ceffe en vous,
Sans ceffe en vn mary, l'affaffin d'vn époux.
Puis-ie plaindre à ce mort la lumiere rauie
Sans haïr le viuant, fans détefter ma vie ?
Puis-ie de ce viuant plaindre l'aueugle fort
Sans détefter ma vie, & fans trahir le mort ?

OEDIPE.

Madame, voftre haine eft pour moy legitime,
Et cet aueugle fort m'a fait vers vous vn crime,
Dont ce Prince demain me punira pour vous,
Ou mon bras vangera ce fils, & cet efpoux,
Et m'offrant pour victime à voftre inquietude,
Il vous affranchira de toute ingratitude.
Alors fans balancer vous plaindrez tous les deux;
Vous verrez fans rougir alors vos derniers feux,
Et permettrez fans honte à vos douleurs preffantes
Pour Lajus & pour moy des larmes innocentes.

IOCASTE.

Ah, Seigneur, quelque bras qui puiffe vous punir,
Il n'effacera rien dedans mon fouuenir ;

Ie vous verray toufiours fa courònne à la tefte,
De fa place en mon lit faire voftre conquefte,
Ie me verray toufiours vous placer en fon rang,
Et baifer voftre main fumante de fon fang.
Mon Ombre mefme vn iour dans les Royaumes
    fombres   (bres,
Ne receura des Dieux pour bourreaux que vos Om-
Et fa confufion l'offrant à toutes deux,
Elle aura pour tourmens tout ce qui fit mes feux.
   Oracles deceuans, qu'ofiez-vous me prédire ?
Si fur noftre auenir vos Dieux ont quelque empire,
Quelle indigne pitié diuife leur couroux?
Ce qu'elle épargne au fils retombe fur l'époux;
Et comme fi leur haine impuiffante, ou timide,
N'ofoit le faire enfemble incefte & parricide,
Elle partage à deux vn fort fi peu commun,
Afin de me donner deux coûpables pour vn.
          OEDIPE.
O partage inégal de ce couroux celefte !
Ie fuis le parricide, & ce fils eft l'incefte,
Mais mon crime eft entier, & le fien imparfait,
Le fien n'eft qu'en defirs, & le mien en effet.
Ainfi, quelques raifons qui puiffent me défendre,
La vefve de Lajus ne fçauroit les entendre,
Et les plus beaux exploits paffent pour trahifons
Alors qu'il faut du fang, & non pas des raifons.
         IOCASTE.
Ah, ie n'en voy que trop qui me déchirent l'ame;
La vefve de Lajus eft toufiours voftre femme,
Et n'oppofe que trop pour vous juftifier
A la moitié du mort celle du meurtrier.
Pour toute autre que moy voftre erreur eft fans
    crime,
Toute autre admireroit voftre bras magnanime,

Et toute autre reduite à punir voſtre erreur,
La puniroit du moins ſans trouble, & ſans horreur?
Mais, helas, mon deüoir aux deux partis m'attache,
Nul eſpoir d'aucun d'eux, nul effort ne m'arrache,
Et ie trouue touſiours dans mon eſprit confus,
Et tout ce que ie ſuis, & tout ce que ie fus.
Ie vous dois de l'amour, ie vous dois de la haine,
L'vn & l'autre me plaiſt, l'vn & l'autre me geſne,
Et mon cœur qui doit tout, & ne voit rien permis,
Souffre tout à la fois deux tyrans ennemis.
  La haine auroit l'appuy d'vn ſerment qui me lie,
Mais ie le romps exprés pour en eſtre punie,
Et pour finir des maux qu'on ne peut ſoulager,
I'aime à donner aux Dieux vn parjure à vanger.
C'eſt voſtre foudre, ô Ciel, qu'à mon ſecours j'ap-
         pelle,
Oedipe eſt innocent, ie me fais criminelle,
Par vn juſte ſupplice oſez me deſvnir
De la neceſſité d'aimer & de punir.
         OE D I P E.
Quoy, vous ne voyez pas que ſa fauſſe juſtice
Ne ſçait plus ce que c'eſt que d'vn juſte ſupplice,
Et que par vn deſordre à confondre nos ſens
Son injuſte rigueur n'en veut qu'aux innocens.
Aprés auoir choiſi ma main pour ce grand crime,
C'eſt le ſang de Lajus qu'il choiſit pour victime,
Et le bizarre éclat de ſon diſcernement
Separe le forfait d'auec le châtiment,
C'eſt vn ſujet nouueau d'vne haine implacable,
De voir ſur voſtre ſang la peine du coupable,
Et les Dieux vous en font vne eternelle loy,
S'ils puniſſent en luy ce qu'ils ont fait par moy.
Voyez comme les fils de Iocaſte & d'Oedipe
D'vne ſi juſte haine ont tous deux le principe,

A voir leurs actions, à voir leur entretien,
L'vn n'est que vostre sang, l'autre n'est que le mien,
Et leur antipathie inspire à leur colere
Des preludes secrets de ce qu'il vous faut faire.

IOCASTE.

Pourrez-vous me haïr jusqu'à cette rigueur
De souhaiter pour vous mesme haine en mon cœur?

OEDIPE.

Tousiours de vos vertus j'adoreray les charmes,
Pour ne haïr qu'en moy la source de vos larmes.

IOCASTE.

Et ie me forceray tousiours à vous blâmer,
Pour ne haïr qu'en moy ce qui vous fit m'aimer.
Mais finissons, de grace, vn discours qui me tuë,
L'assassin de Lajus doit me blesser la veuë,
Et malgré ce couroux par sa mort allumé,
Ie sens qu'Oedipe enfin sera tousiours aimé.

OEDIPE.

Que fera cet amour?

IOCASTE.

Ce qu'il doit à la haine.

OEDIPE.

Qu'osera ce deuoir?

IOCASTE.

Croistre tousiours ma peine.

OEDIPE.

Faudra-t'il pour iamais me bannir de vos yeux?

IOCASTE.

Peut-estre que demain nous le sçaurons des Dieux.

Fin du quatriéme Acte.

ACTE V.

SCENE PREMIERE.

OEDIPE, DYMAS.

DYMAS.

EIGNEVR, il est trop vray que le
　　peuple murmure,
Qu'il rejette sur vous sa funeste auan-
　　ture,
Et que de tous costez on n'entend que
　　mutins　　　　　　　　　　(stins,
Qui vous nomment l'autheur de leurs mauuais de-
D'vn Deuin suborné les infames prestiges
De l'Ombre, disent-ils, ont fait tous les prodiges,
L'or mouuoit ce fantosme, & pour perdre Dircé
Vos presens luy dictoient ce qu'il a prononcé :
Tant ils conçoiuent mal, qu'vn si grand Roy con-
　　sente
A vanger son trépas sur sa race innocente,
Qu'il asseure son sceptre aux dépens de son sang
A ce bras impuny qui luy perça le flanc,
Et que par cet injuste & cruel sacrifice
Luy mesme de sa mort il se fasse justice.

OEDIPE.

Ils ont quelque raison de tenir pour suspect
Tout ce qui s'est montré tantost à leur aspect,
Et ie n'ose blâmer cette horreur que leur donne
L'assassin de leur Roy qui porte sa couronne.
Moy-mesme au fond du cœur de mesme horreur
          frapé,
Ie veux fuir le remords de son trône occupé,
Et ie dois cette grace à l'amour de la Reine
D'épargner ma presence aux deuoirs de sa haine,
Puisque de nostre Hymen les liens mal tissus
Par ces mesmes deuoirs semblent estre rompus.
Ie vay donc à Corinthe acheuer mon supplice;
Mais ce n'est pas au peuple à se faire iustice,
L'ordre que tient le Ciel à luy choisir des Rois
Ne luy permet iamais d'examiner son choix,
Et le deuoir aueugle y doit tousiours souscrire
Iusqu'à ce que d'enhaut on veüille s'en dédire.
Pour chercher mon repos ie veux bien me bannir,
Mais s'il me bannissoit, ie sçaurois l'en punir,
Ou si ie succombois sous sa troupe mutine,
Ie sçaurois l'accabler du moins sous ma ruine.

DYMAS.

Seigneur, iusques icy ses plus grands déplaisirs
Pour armes contre vous n'ont pris que des soûpirs;
Et cet abatement que luy cause la peste
Ne souffre à son murmure aucun dessein funeste.
Mais il faut redouter que Thesée & Dircé
N'osent pousser plus loin ce qu'il a commencé;
Phorbas mesme est à craindre, & pourroit le reduire
Iusqu'à se vouloir mettre en estat de vous nuire.

OEDIPE.

Thesée a trop de cœur pour vne trahison,
Et d'ailleurs j'ay promis de luy faire raison;

Pour Dircé, son orgueil dédaignera sans douté
L'appuy tumultueux que ton zéle redoute;
Phorbas est plus à craindre, estant moins genereux;
Mais il nous est aisé de nous asseurer d'eux.
Fay-les venir tous trois, que ie life en leur ame
S'ils presteroient la main à quelque sourde trame.
Commence par Phorbas, ie sçauray démesler
Quels desseins:..

PAGE.

Vn Vieillard demande à vous parler.
Il se dit de Corinthe, & presse.

OEDIPE.

Il vient me faire
Le funeste rapport du trépas de mon pere,
Preparons nos soûpirs à ce triste recit.
Qu'il entre. Cependant fais ce que ie t'ay dit.

SCENE II.

OEDIPE, IPHICRATE, Suite.

OEDIPE.

ET bien; Polybe est mort?

IPHICRATE.

Ouy, Seigneur.

OEDIPE.

Mais, vous-mesme
Venir me consoler de ce malheur suprême!
Vous, qui Chef du Conseil deuriez maintenant
Attendant mon retour estre mon Lieutenant!

Vous,

Vous, à qui tant de foins d'éleuer mon enfance
Ont acquis juftement toute ma confiance!
Ce voyage me trouble autant qu'il me furprend.

IPHICRATE.

Le Roy Polybe eft mort, ce malheur eft bien grand,
Mais comme enfin, Seigneur, il eft fuiuy d'vn pire,
Pour l'apprendre de moy, faites qu'on fe retire,

Oedipe fait vn figne de tefté à fa Suite, qui l'oblige à fe

OEDIPE. (retirer.

Ce iour eft donc pour moy le grand iour des mal-
heurs,
Puifque vous apportez vn comble à mes douleurs.
I'ay tué le feu Roy jadis fans le connoiftre,
Son fils qu'on croyoit mort vient icy de renaiftre,
Sen peuple mutiné me voit auec horreur,
Sa vefue mon époufe en eft dans la fureur,
Le chagrin accablant qui me deuore l'ame
Me fait abandonner, & peuple, & fceptre, &
femme,
Pour remettre à Corinthe vn efprit éperdu ;
Et par d'autres malheurs ie m'y vois attendu!

IPHICRATE.

Seigneur, il faut icy faire tefte à l'orage,
Il faut faire icy ferme, & montrer du courage.
Le repos à Corinthe en effet feroit doux,
Mais il n'eft plus de fceptre à Corinthe pour vous.

OEDIPE.

Quoy, l'on s'eft emparé de celuy de mon pere ?

IPHICRATE.

Seigneur, on n'a rien fait que ce qu'on a deu faire,
Et voftre amour en moy ne voit plus qu'vn banny,
De fon amour pour vous trop doucement puny.

OEDIPE.

Quel Enigme !

G

IPHICRATE.
Apprenez auec quelle iuſtiçé
Ce Roy vous a deu rendre vn ſi mauuais officé
Vous n'eſtiez point ſon fils.

OEDIPE.
Dieux, qu'entens-ie?

IPHICRATE.
A regrèt
Ses remords en mourant ont rompu le ſecret,
Il vous gardoit encore vne amitié fort tendre:
Mais le conte qu'aux Dieux la mort force de rendre
A porté dans ſon cœur vn ſi preſſant effroy,
Qu'il a remis Corinthe aux mains de ſon vray Roy.

OEDIPE.
Ie ne ſuis point ſon fils! & qui ſuis-ie, Iphicrate?

IPHICRATE.
Vn enfant expoſé, dont le merite éclate,
Et de qui par pitié j'ay dérobé les iours
Aux ongles des Lyons, aux griffes des Vautours.

OEDIPE.
Et qui m'a fait paſſer pour le fils de ce Prince?

IPHICRATE.
Le manque d'heritiers ébranloit ſa Prouince.
Les trois que luy donna le conjugal amour
Perdirent en naiſſant la lumiere du iour,
Et la mort du dernier me fit prendre l'audacé
De vous offrir au Roy qui vous mit en ſa placé
Ce que l'on ſe promit de ce fils ſuppoſé
Reünit ſous ſes loix ſon Eſtat diuiſé;
Mais comme cet abus finit auec ſa vie,
Sa mort de mon ſupplice auroit eſté ſuiuié;
S'il n'auoit ordonné dans ſon dernier momeñt
Qu'vn iuſte & prompt exil fuſt mon ſeul châti-
ment,

OEDIPE.

Ce reuers feroit dur pour quelque ame commune,
Mais ie me fis toufiours maiftre de ma fortune,
Et puifqu'elle a repris l'auantage du fang,
Ie ne dois plus qu'à moy tout ce que j'eus de rang,
Mais n'as-tu point appris de qui j'ay receu l'eftre.

IPHICRATE.

Seigneur, ie ne puis feul vous le faire connoiftre,
Vous fuftes expofé jadis par vn Thebain,
Dont la compaffion vous remit en ma main,
Et qui, fans m'éclaircir touchant voftre naiffance,
Me chargea feulement d'éloigner voftre enfance,
I'en connois le vifage, & l'ay reueu fouuent
Sans nous eftre tous deux expliquez plus auant;
Ie luy dis qu'en éclat j'auois mis voftre vie,
Et luy cachay toufiours mon nom & ma patrie,
De crainte, en les fçachant, que fon zélé indif-
    cret
Ne vinft mal à propos troubler noftre fecret.
Mais comme de fa part il connoit mon vifage,
Si ie le trouue icy, nous fçaurons dauantage.

OEDIPE.

Ie ferois donc Thebain à ce conte?

IPHICRATE.

Ouy, Seigneur.

OEDIPE.

Ie ne fçay fi ie dois le tenir à bon-heur,
Mon cœur qui fe foûleue en forme vn noir augure
Sur l'éclairciffement de ma trifte auanture.
Où me receuftes-vous?

IPHICRATE.

Sur le mont Citheron.

OEDIPE.

Ah, que vous me frapez par ce funefte nom!

G ij

Le temps, le lieu, l'Oracle , & l'âge de la Reine,
Tout femble concerté pour me mettre à la gêne.
Dieux, feroit-il poffible ! Approchez-vous, Phorbas.

SCENE III.

OEDIPE, IPHICRATE, PHÓRBAS.

IPHICRATE.

SEigneur, voila celuy qui vous mit en mes bras,
Permettez qu'à vos yeux ie montre vn peu de
joye.
Se peut-il faire, amy, qu'encor ie te reuoye,

PHORBAS.

Que j'ay lieu de benir ton retour fortuné !
Qu'as-tu fait de l'Enfant que ie t'auois donné? .
Le genereux Thefée a fait gloire de l'eftre,
Mais fa preuue eft obfcure, & tu dois le connoiftre.
Parle.

IPHICRATE.
Ce n'eft point luy, mais il vit en ces lieux.

PHORBAS.
Nomme-le donc, de grace.

IPHICRATE.
Il eft deuant tes yeux,

PHORBAS.
Ie ne vois que le Roy.

IPHICRATE.
C'eft luy-mefme.

PHORBAS.
Luy-mefme !

IPHICRATE.

Ouy, le secret n'est plus d'vne importance extrême,
Tout Corinthe le sçait, nomme-luy ses parens.

PHORBAS.

En fussions-nous tous trois à iamais ignorans!

IPHICRATE.

Seigneur, luy seul enfin peut dire qui vous estes.

OEDIPE.

Helas! ie le voy trop, & vos craintes secrettes
Qui vous ont empesché de vous entr'éclaircir,
Loin de tromper l'Oracle, ont fait tout reüssir.
  Voyez où m'a plongé vostre fausse prudence,
Vous cachiez ma retraite, il cachoit ma naissance,
Vos dangereux secrets par vn commun accord
M'ont liuré tout entier aux rigueurs de mon sort.
Ce sont eux qui m'ont fait l'assassin de mon pere,
Ce sont eux qui m'ont fait le mary de ma mere,
D'vne indigne pitié le fatal contre-temps
Confond dans mes vertus ces forfaits éclatans,
Elle fait voir en moy par vn mélange infame
Le frere de mes fils, & le fils de ma femme,
Le Ciel l'auoit prédit, vous auez acheué,
Et vous auez tout fait quand vous m'auez sauué.

PHORBAS.

Ouy, Seigneur, j'ay tout fait sauuant vostre personne,
M'en punissent les Dieux si ie me le pardonne.

SCENE IV.

OEDIPE, IPHICRATE.

OEDIPE.

QVe n'obeïssois-tu, perfide, à mes parens
Qui se faisoient pour moy d'équitables tyrâs?
Que ne luy disois-tu ma naissance, & l'Oracle,
Afin qu'à mes destins il pûst mettre vn obstacle?
Car, Iphicrate, en vain j'accuserois ta foy,
Tu fus dans ces destins aueugle comme moy,
Et tu ne m'abusois que pour ceindre ma teste
D'vn bandeau dont par là tu faisois ma conqueste.

IPHICRATE.

Seigneur, comme Phorbas auoit mal obey,
Que l'ordre de son Roy par là se vit trahy,
Il auoit lieu de craindre, en me disant le reste,
Que son crime par moy deuenant manifeste...

OEDIPE.

Cesse de l'excuser, que m'importe en effet
S'il est coupable, ou non, de tout ce que j'ay fait?
En ay-ie moins de trouble, ou moins d'horreur en
　　l'ame?

SCENE V.

OEDIPE, DIRCE, IPHICRATE.

OEDIPE.

Voſtre frere eſt connu, le ſçauez-vous, Madame?

DIRCE.

Ouy, Seigneur, & Phorbas m'a tout dit en deux

OEDIPE.   (mots.

Voſtre amour pour Theſée eſt dans vn plein repos,
Vous n'apprehendez plus que le tiltre de frere
S'oppoſe à cette ardeur qui vous eſtoit ſi chere,
Cette aſſeurance entiere a dequoy vous rauir,
Ou plûtoſt, voſtre haine a dequoy s'aſſouuir:
Quand le Ciel de mon ſort l'auroit faite l'arbitre,
Elle ne m'euſt choiſy rien de pis que ce tiltre.

DIRCE.

Ah, Seigneur, pour Æmon j'ay ſçeu mal obeïr,
Mais ie n'ay point eſté juſques à vous haïr.
La fierté de mon cœur qui me traitoit de Reine,
Vous cedoit en ces lieux la couronne ſans peine,
Et cette ambition que me preſtoit l'Amour
Ne cherchoit qu'à regner dans vn autre ſejour.

    Cent fois de mon orgueil l'éclat le plus farouche
Aux termes odieux a refuſé ma bouche,
Pour vous nommer tyran il falloit cent efforts,
Ce mot ne m'a iamais échapé ſans remords:
D'vn ſang reſpectueux la puiſſance inconnuë
A mes ſoûleuemens meſloit la retenuë,

Et cet vſurpateur dont j'abhorrois la loy,
S'il m'euſt donné Theſée, euſt eu le nom de Roy.

            OEDIPE.

C'eſtoit ce meſme ſang dont la pitié ſecrette
De l'Ombre de Lajus me faiſoit l'interprete.
Il ne pouuoit ſouffrir qu'vn mot mal entendu
Détournaſt ſur ma ſœur vn ſort qui m'eſtoit deu,
Et que voſtre innocence immolée à mon crime
Se fiſt de nos malheurs l'inutile victime.

            DIRCE.

Quel crime auez-vous fait, que d'eſtre malheureux?

            OEDIPE.

Mon ſouuenir n'eſt plein que d'exploits genereux;
Cependant ie me trouue inceſte, & parricide,
Sans auoir fait vn pas que ſur les pas d'Alcide,
Ny recherché par tout que loix à maintenir,
Que Monſtres à détruire, & méchans à punir.
Aux crimes malgré-moy l'ordre du Ciel m'atta-
      che,
Pour m'y faire tomber à moy-meſme il me cache,
Il offre, en m'aueuglant ſur ce qu'il a prédit,
Mon pere à mon épée, & ma mere à mon lit.
Helas! qu'il eſt bien vray qu'en vain on s'imagine
Dérober noſtre vie à ce qu'il nous deſtine,
Les ſoins de l'éuiter font courir au deuant,
Et l'adreſſe à le fuir y plonge plus auant.
Mais ſi les Dieux m'ont fait la vie abominable,
Ils m'en font par pitié la ſortie honorable,
Puiſqu'enfin leur faueur meſlée à leur couroux
Me condamne à mourir pour le ſalut de tous,
Et qu'en ce meſme temps qu'il faudroit que ma vié
Des crimes qu'ils m'ont fait traiſnaſt l'ignominie,
L'éclat de ces vertus que ie ne tiens pas d'eux
Reçoit pour recompenſe vn trépas glorieux,

DIRCE.

Ce trépas glorieux comme vous me regarde,
Le iuste choix du Ciel peut-estre me le garde,
Il fit tout vostre crime, & le malheur du Roy
Ne vous rend pas,Seigneur,plus coupable que moy.
D'vn voyage fatal qui seul causa sa perte
Ie fus l'occasion , elle vous fut offerte,
Vostre bras contre trois disputa le chemin.
Mais ce n'estoit qu'vn bras qu'empruntoit le Destin,
Puisque vostre vertu qui seruit sa colere
Ne pût voir en Lajus ny de Roy , ny de pere,
Ainsi j'espere encor que d main par son choix
Le Ciel épargnera le plus grand de nos Rois.
L'interest des Thebains & de vostre famille
Tournera son couroux sur l'orgueil d'vne fille,
Qui n'a rien que l'Estat doiue considerer,
Et qui contre son Roy n'a fait que murmurer.

OEDIPE.

Vous voulez que le Ciel pour montrer à la Terre
Qu'on peut innocemment meriter le tonnerre,
Me laisse de sa haine étaler en ces lieux
L'exemple le plus noir & le plus odieux!
Non, non, vous le verrez demain au Sacrifice
Par le choix que j'attens couurir son injustice,
Et par la peine deuë à son propre forfait
Desauoüer ma main de tout ce qu'elle a fait.

❈❈❈❈❈❈❈❈❈❈❈❈❈❈❈

SCENE VI.

OEDIPE, THESEE, DIRCE,
IPHICRATE.

OE D I P E.

Est-ce encor voftre bras qui doit vanger fon pere?
Son amant en a-t'il plus de droit que fon frere,
Prince ?

THESEE.

Ie vous en plains , & ne puis conceuoir,
Seigneur...

OE D I P E.

La verité ne fe fait que trop voir,
Mais nous pourrons demain eftre tous deux à plain-
dre,
Si le Ciel fait le choix qu'il nous faut tous deux
craindre.
S'il me choifit, ma fœur, donnez-luy voftre foy,
Ie vous en prie en frere, & vous l'ordonne en Roy.
Vous, Seigneur , fi Dircé garde encor fur voftre ame
L'empire que luy fit vne fi belle flame,
Prenez foin d'appaifer les difcords de mes fils
Qui par les nœuds du fang vous deuiendront vnis.
Vous voyez où des Dieux nous a reduits la haine;
Adieu, laiffez-moy feul en confoler la Reine,
Et ne m'enuiez pas vn fecret entretien
Pour affermir fon cœur fur l'exemple du mien.

SCENE VII.

THESEE, DIRCE.

DIRCE.

PArmy de tels malheurs que sa côstance est rare!
Il ne s'emporte point contre vn sort si barbare,
La surprenante horreur de cet accablement
Ne couste à sa grande ame aucun égarement,
Et sa haute vertu toûjours inébranlable
Le soustient au dessus de tout ce qui l'accablé.

THESEE.

Souuent auant le coup qui doit nous accabler
La nuit qui l'enuelope a dequoy nous troubler,
L'obscur pressentiment d'vne injuste disgrace
Combat auec effroy sa confuse menace ;
Mais quand ce coup tombé vient d'épuiser le Sort,
Iusqu'à n'en pouuoir craindre vn plus barbare ef-
    fort,
Ce trouble se dissipe, & cette ame innocente,
Qui braue impunément la Fortune impuissante,
Regarde auec dédain ce qu'elle a combatu,
Et se rend toute entiere à toute sa vertu.

✿✿✿✿✿✿✿✿✿✿✿✿✿✿✿✿✿✿✿

SCENE VIII.

THESEE, DIRCE, NERINE.

NERINE.

MAdame...

DIRCE.

Que veux-tu, Nerine?

NERINE.

Helas! la Reine...

DIRCE.

Que fait-elle?

NERINE.

Elle est morte, & l'excez de sa peine,
Par vn prompt desespoir....

DIRCE.

Iusques où portez-vous,
Impitoyables Dieux, vostre injuste couroux!

THESEE.

Quoy, mesme aux yeux du Roy son desespoir la tuë!
Ce Monarque n'a pû...

NERINE.

Le Roy ne l'a point veuë,
Et quant à son trépas, ses pressantes douleurs
L'ont creu deuoir sur l'heure à de si grands mal-
heurs.
Phorbas l'a commencé, sa main a fait le reste.

DIRCE.

Quoy, Phorbas...

NERINE.

NERINE.

      Ouy, Phorbas par son recit funeste,
Et par son propre exemple a sçeu l'assassiner.
      Ce malheureux vieillard n'a pû se pardonner:
Il s'est jetté d'abord aux genoux de sa Reine,
Où détestant l'effet de sa prudence vaine,
Si i'ay sauué ce fils pour estre vostre époux,
Et voir le Roy son pere expirer sous ses coups,
A-t'il dit, la pitié qui me fit le ministre
De tout ce que le Ciel eut pour vous de sinistre,
Fait place au desespoir d'auoir si mal seruy,
Pour vanger sur mon sang vostre ordre mal suiuy.
L'inceste ou malgré vous tous deux ie vous abisme
Receura de ma main sa premiere victime,
I'en dois le sacrifice à l'innocente erreur
Qui vous rend l'vn pour l'autre vn obiet plein d'horreur.
      Cet Arrest qu'à nos yeux luy-mesme il se pronôce
Est suiuy d'vn poignard qu'en ses flancs il enfonce,
La Reine, à ce malheur si peu premedité,
Semble le receuoir auec stupidité,
L'excez de sa douleur la fait croire insensible,
Rien n'échape au dehors qui la rende visible,
Et tous ses sentimens enfermez dans son cœur
Ramassent en secret leur derniere vigueur.
Nous autres cependant autour d'elle rangées,
Stupides ainsi qu'elle, ainsi qu'elle affligées,
Nous n'osons rien permettre à nos fiers déplaisirs,
Et nos pleurs par respect attendent ses soûpirs.
      Mais enfin tout à coup sans changer de visage
Du mort qu'elle contemple elle imite la rage,
Se saisit du poignard, & de sa propre main
A nos yeux comme luy s'en trauerse le sein.
On diroit que du Ciel l'implacable colere
Nous arreste les bras pour luy laisser tout faire.

H

Elle tombe, elle expire auec ces derniers mots,
Allez dire à Dircé qu'elle viue en repos,
Que de ces lieux maudits en haste elle s'exile,
Athénes a pour elle vn glorieux azile;
Si toutefois Thesée est assez genereux
Pour n'auoir point d'horreur d'vn sang si malheureux.

THESEE.

Ah, ce doute m'outrage, & si iamais vos charmes..;

DIRCE.

Seigneur, il n'est saison que de verser des larmes.
La Reine en expirant a donc pris soin de moy!
Mais tu ne me dis point ce qu'elle a dit du Roy?

NERINE.

Son ame en s'enuolant jalouse de sa gloire
Craignoit d'en emporter la honteuse memoire,
Et n'osant le nommer son fils, ny son époux,
Sa derniere tendresse a toute esté pour vous.

DIRCE.

Et ie puis viure encor apres l'auoir perduë?

SCENE DERNIERE.

THESEE, DIRCE, CLEANTE, DYMAS, NERINE,

Cleante fort d'vn cofté, & Dymas de l'autre, enuiron quatre Vers apres Cleante.

CLEANTE.

LA fanté dans ces murs tout d'vn coup répanduë
Fait crier au miracle, & benir hautement
La bonté de nos Dieux d'vn fi prompt changemét,
Tous ces mourans, Madame, à qui déja la pefte
Ne laiffoit qu'vn foûpir, qu'vn feul moment de
refte,
En cet heureux moment rappellez des abois
Rendent graces au Ciel d'vne commune voix,
Et l'on ne comprend point quel remede il applique
A rétablir fi-toft l'allegreffe publique.

DIRCE.

Que m'importe qu'il montre vn vifage plus doux,
Quand il fait des malheurs qui ne font que pour
nous?
Auez-vous veu le Roy, Dymas?

DYMAS.

Helas, Princeffe,
On ne doit qu'à fon fang la publique allegreffe,
Ce n'eft plus que pour luy qu'il faut verfer des
pleurs;

H ij

Ses crimes inconnus auoient fait nos malheurs,
Et fa vertu foüillée à peine s'eft punie,
Qu'auffi-toft de ces lieux la pefte s'eft bannie.

THESEE.

L'effort de fon courage a fçeu nous éblouïr,
D'vn fi grand defefpoir il cherchoit à joüir,
Et de fa fermeté n'empruntoit les miracles,
Que pour mieux éuiter toute forte d'obftacles.

DIRCE.

Il s'eft rendu par là maiftre de tout fon fort.
Mais acheue, Dymas, le recit de fa mort,
Acheue d'accabler vne ame defolée.

DYMAS.

Il n'eft point mort, Madame, & la fienne ébranlée
Par les confus remords d'vn innocent forfait
Attend l'ordre des Dieux pour fortir tout-à-fait.

DIRCE.

Que nous difois-tu donc?

DYMAS.

Ce que j'ofe encor dire,
Qu'il vit & ne vit plus, qu'il eft mort, & refpire,
Et que fon fort douteux, qui feul refte à pleurer,
Des morts & des viuans femble le feparer.
I'eftois auprés de luy fans aucunes alarmes,
Son cœur fembloit calmé, ie le voyois fans armes,
Quand foudain attachant fes deux mains fur fes
　　yeux,
Prenenons, a-t'il dit, l'iniuftice des Dieux,
Commençons à mourir auant qu'ils nous l'ordonnent,
Qu'ainfi que mes forfaits mes fupplices étonnent.
Ne voyons plus le Ciel apres fa cruauté,
Pour nous vanger de luy dédaignons fa clarté,
Refufons-luy nos yeux, & gardons quelque vie
Qui montre encore à tous quelle eft fa tyrannie.

Là ſes yeux arrachez par ſes barbares mains
Font diſtiller vn ſang qui rend l'ame aux Thebains.
Ce ſang ſi precieux touche à peine la Terre,
Que le couroux du Ciel ne leur fait plus la guerre,
Et trois mourans gueris au milieu du Palais
De ſa part tout d'vn coup nous annoncent la paix.
Cleante vous a dit que par toute la ville ...

THESEE.

Ceſſons de nous geſner d'vne crainte inutile,
A force de malheurs le Ciel fait aſſez voir
Que le ſang de Lajus a remply ſon deuoir,
Son Ombre eſt ſatisfaite, & ce malheureux crime
Ne laiſſe plus douter du choix de ſa victime.

DIRCE.

Vn autre ordre demain peut nous eſtre donné,
Allons voir cependant ce Prince infortuné,
Pleurer auprés de luy noſtre deſtin funeſte,
Et remettons aux Dieux à diſpoſer du reſte.

FIN.

Extrait du Priuilege du Roy.

PAR grace & Priuilege du Roy, donné à Paris le 10. feurier 1659. Il est permis au Sieur CORNEILLE de faire imprimer vne Tragedie de sa composition, intitulée L'OEDIPE, pendant le temps de sept années, à commencer du iour qu'elle sera acheuée d'imprimer. Et deffences sont faites à toutes personnes de quelque qualité & condition qu'elles soient, de l'imprimer, vendre, ny debiter, d'autre impression que de celle qu'il sera faire, ou ceux qui auront droit de luy, à peine de mille liures d'amende, de tous dépens, dommages, & interests, comme il est plus amplement porté par lesdites Lettres.

Ledit Sieur CORNEILLE a cedé le droit de son Priuilege cy dessus à AVGVSTIN COVRBE' & GVILLAVME DE LVYNE Marchands Libraires, pour en joüir suiuant l'accord fait entr'eux.

Registré sur le Liure de la Communauté le 11. Mars 1659. Signé, BECHET, Sindic.

Les Exemplaires ont esté fournis.

Acheué d'imprimer pour la premiere fois le 16.
à ROVEN, par L. MAVR

www.ingramcontent.com/pod-product-compliance
Lightning Source LLC
Chambersburg PA
CBHW070126100426
42744CB00009B/1748